Birger P. Priddat
Muße und Arbeit

Birger P. Priddat

Muße und Arbeit

Luther, Schiller, Marx, Weber, Lafargue,
Keynes, Russell, Marcuse, Precht

Über eine europäische Hoffnung
der Verwandlung von Arbeit
in höhere Tätigkeit

Metropolis-Verlag
Marburg 2019

Bibliografische Information Der Deutschen Bibliothek
Die deutsche Bibliothek verzeichnet diese Publikation in der Deutschen
Nationalbibliografie; detaillierte bibliografische Daten sind im Internet
über <https://portal.dnb.de> abrufbar.

Metropolis-Verlag für Ökonomie, Gesellschaft und Politik GmbH
https://www.metropolis-verlag.de
Copyright: Metropolis-Verlag, Marburg 2019
Alle Rechte vorbehalten
ISBN 978-3-7316-1409-8

Inhalt

Einleitung

Wenn man Marx in seinen ‚Grundrissen' genauer liest, erscheint darin eine nach-kapitalistische Welt, in der die Menschen, von der Arbeit befreit, die so gewonnene freie Zeit (*disposable time*) für „höhere Tätigkeit", vornehmlich zur Bildung (ihrer selbst zum Menschen) verwenden. In den Kapiteln 3 und 5 werden wir das erörtern (ebenso bereits Priddat 2018a).

1930 schreibt Lord Maynard Keynes dasselbe – aus völlig anderen Einschätzungen des Kapitalismus, aber in derselben bildungsbürgerlichen Intention (Kap. 4).

Beide entwerfen eine post-kapitalistische Mußegesellschaft.

Erstmals zuvor wurde die Emanzipation des Menschen zum befreienden/freien Spiele in Muße bei Friedrich Schiller breiter erörtert (Kap. 2).

Wogegen Schiller sich absetzt wird als die große Tradition der Hochwertung der Arbeit in der ‚protestantischen Ethik' in Kap. 1 noch einmal entfaltet, zugleich ihr Ende.

Der ganze Bogen dieser Entwicklungen wird in Kap. 5 aufgespannt, angereichert durch Paul Lafargues ‚Recht auf Faulheit', Bertrand Russels ‚Lob des Müßigganges', mit Herbert Marcuses Wiederaufnahme Schillers in die marxistisch gerahmte ‚Befreiung', bis auf die neueren Erörterungen des Grundeinkommens, die das Verhältnis von Arbeit und Muße neu calibrieren, ohne noch auf die Schiller/Marx/Keynes-Linie zurückzufallen.

Geht eine lange Epoche der Hochwertung der Arbeit zuende? Verschwindet damit zugleich aber auch das Zivilisationsideal einer gebildeten Muße-Welt?

Birger P. Priddat   Witten, der 4.9.2019
Universität Witten/Herdecke

1. Arbeit I: Anfang und Ende der protestantischen Ethik[1]

Martin Luthers protestantische Ethik beruht auf einer Theologie der Gnade und der Armut, die erst dadurch eine neue Theologie der Arbeit hervorrufen kann. Die Gnade Gottes kann man nicht kaufen. Luthers Zorn gegen den katholischen Ablass war ein tragender Impuls seines Handelns (vgl. die 95 Thesen (Luther 1983/1517)). Gegen die Idee, dass sich Gnade verdienen oder sogar kaufen lässt, setzt Luther allein den Glauben. Im Mittelpunkt seiner Lehre steht die persönliche Beziehung zu Gott. Gott ist nicht mehr der Richter, der den Sünder bestraft, sondern der Barmherzige, der demjenigen, der an ihn glaubt, aus Gnade vergibt. Zentraler Teil seiner Rechtfertigungs-Theologie ist die Kritik der ‚Werkgerechtigkeit'; sie steht für die Ansicht, man könne vor Gott gerechtfertigt sein, wenn man gute Werke tut. Luther lehnte diese Ansicht ab und betonte die Rechtfertigung aus der Gnade Gottes im Glauben an den erlösenden Tod und die Auferstehung Jesu Christi.

1.1 Decodierung der Armut

Die Praxis, sich aus Angst vorm Fegefeuer per Ablass freizukaufen, ist nur die extreme Form einer Praxis des Tausches in religiösen Dingen. Bronislaw Gemerek und Frank Ruda verweisen auf eine grundsätzliche Dimension: dass auch die Barmherzigkeit (*caritas*) mit falschen Inten-

---

[1] Dieses Kapitel basiert auf zwei Texten, die, in z.T. längerer Form, anderswo veröffentlicht sind: Priddat 2017a und Priddat 2017b.

tionen belastet sei. Jeder Bettler bietet im Austausch für „diesseitige Güter (...) seinem Wohltäter das Gebet" an (Geremek (1988: 63).

Wenn man sich einbilden darf, über die Menge der Almosen ein höheres Maß an Gnade zu erlangen, haben wir es nicht mit demütigen Bußhandlungen oder bloßen Fürbitten zu tun, sondern mit *deals*, Transaktionen. Die religiöse Sphäre wird zu einem ‚Markt', in dem Almosen gegen Fremdbußhandlungen getauscht werden. „Das Almosen gleicht einem mikro-(heils-)-ökonomischen Ablassbrief, dessen Wirksamkeit über die Autorität der Kirche sichergestellt ist" (Ruda 2011: 27). Für die Reformation sind das keine Nebensächlichkeiten. Luther greift, wie Hegel es später pointiert, das Konzept der ‚heiligen Armut' an – als einen Angelpunkt der Reformation. Die Grenze zwischen den *paupers cum Petro* – den freiwilligen, klerikalen Armen – und den *paupers cum Lazaro* – den wirklichen, unfreiwilligen Armen – war zu Luthers Zeiten bereits brüchig. Die Armut des *pauper sacer* wird längst angezweifelt: ob die Almosen, die der Kirche gegeben werden, nicht doch im Luxus verschwinden, statt an die wirklichen Armen weitergereicht zu werden. Mit dem Bettlerberuf verbindet sich der Betrugsverdacht (Geremek 1988: 67). Die theologische Uneindeutigkeit ‚heiligt' die tatsächlichen Armen in Analogie zu den klerikalen Armen (Geremek 1988: 50). Für die ‚armen Armen' wird der Kirche gestiftet, es macht eine ihrer Einkommensquellen aus, eingesammelt von den kirchenamtlichen Armen: den Mönchen und Priestern.

„Die äußerliche Ununterscheidbarkeit der Armen mit Petrus und der Armen mit Lazarus, die die Logik des Verdachts inauguriert, wird nun mit Luther überwunden, indem alle Armen – ob freiwillig oder nicht – Arme mit Lazarus, Lazzaroni werden. Er befreit die Gläubigen von ihrer äußerlichen Uneindeutigkeit und reinigt so den Glauben von der ‚ehernen, eisernen Scheidewand' (Hegel 1986 HVPG 3: 49) der kirchlichen Autorität. Luthers Vermittlung des Gläubigen mit Gott – eine ‚Vermittlung ohne Scheidewand' (dito: 49) – bedeutet für Hegel in grundsätzlicher Weise eine Reinigung des Subjektes von der äußerlichen Gebundenheit an die Autorität und die Einführung eines Ortes in das ‚Innerste des Menschen' (dito: 49), der ‚alle Äußerlichkeit in dem absoluten Verhältnis zu Gott" (dito: 49) verschwinden lässt. ‚Es ist also jetzt das Prinzip der Subjektivität Moment der Religion selbst geworden' (dito: 53)" (Ruda 2011: 28-29).

Hegel identifiziert die Reformation nicht nur als Prozess der neuzeitlichen Subjektwerdung.

„Wenn Luther die verlorene ‚Demuth der Katholiken' und die sich aus ihr herleitende äußerliche Armut brandmarkt (Luther [1990/ 1522; B.P.] 1522: 33), so denkt er in dieser Hinsicht, nach Hegel, zeitgleich ein neues die Weltgeschichte verklärendes Prinzip: das Prinzip der Tätigkeit. (…) Der Mensch ist nun nicht mehr von Natur aus das, was er ist, sondern kommt erst nach einem selbsttätigen (Um-)Bildungsprozess zu sich selber und zur Wahrheit. Das vernünftige und tätige Subjekt wird für Hegel durch die Reformation zur entscheidenden Bestimmung der Moderne. Von ihm gilt, was von seinem Fundament, dem freien Willen, gilt: Was er ist, kann er nur durch Arbeit werden" (Hegel HGPR: 245) (Ruda 2011: 29).

Sich selbst durch Arbeit unabhängig zu machen ist der befreiende Code der Subjektivität. Die Zeit von der Reformation „bis zu uns", lesen wir bei Hegel,

„hat kein anderes Werk zu tun gehabt und zu tun, als dieses Prinzip in die Welt hineinzubilden (…). Recht, Eigentum, Sittlichkeit, Regierung, Verfassung usw. müssen nun auf allgemeine Weise bestimmt werden, damit sie dem Begriffe des freien Willens gemäß und vernünftig sind" (Hegel 1986 HVPG: 496-497; vgl. auch Ruda 2011: 30).

Die Hochwertung der Arbeit ist nicht sogleich mit der Produktivität des späteren Kapitalismus zu verwechseln. Arbeit ist die Tätigkeit, die jeden Menschen aus der Unselbständigkeit und Abhängigkeit der Armut holt. Es ist die Arbeit an der Selbständigkeit der erst dadurch freien Menschen. Seine weltliche Freiheit macht ihn aber nicht gnadensicher. Durch keine Tätigkeit, Arbeit, Leistung oder Zahlung ist die Gnade zu erwerben. *Sola fide* – allein durch den Glauben (im ständigen Gespräch im Gebet mit seinem Gott).

Indem Luthers ‚Rechtfertigung' die Glaubensfrage von Dienstleistungen der Institution Kirche entkoppelt, lässt sich auch die Armuts-Theologie: dass man sich im Leben arm machen soll, nicht mehr aufrecht erhalten. Umgekehrt plädiert Luther für ein tätiges, arbeitsreiches Leben zur Erhaltung und Nahrung der Familien. Der keusche arme

Priester – und in seinem Schatten der tatsächliche Arme – sind keine tragenden Säulen mehr der Theologie. Statt zu betteln, sollen rechtschaffene Christen für ihren Lebensunterhalt arbeiten.[2]

1.2 Die protestantische Ethik

Die protestantische Ethik war dem evangelisch inspirierten Bildungsbürgertum so sehr zu einer ‚inneren Natur' geworden, dass wir, um uns davon zu befreien, die Grunderfahrung der protestantischen Revolution erst wieder in Erinnerung rufen müssen, wie sie zum Beispiel der Historiker und Romancier Stephan Wackwitz notiert hat:

> „(…) die Gewissheit, dass es einen unmittelbarer und von niemandem kontrollierbaren Zustand der Seele zu Gott und zu den eigenen Moralvorstellungen gibt. Diese Gewissheit stammt aus der Mentalität der spätantiken Oberschichten. Sie ist durch die Stoa an das frühe

---

[2] Wie steht es dann um die Barmherzigkeit? Natürlich hat Luther sie nicht eliminiert; aber sie wird bei ihm wieder zu einem Glaubenssachverhalt, der nicht in Gnadenleistungspunkten bemessen wird. Die Masse der tatsächlich Armen – die *paupers cum petro* wird Luthers Reformation auflösen – ist kein theologisches Problem mehr, sondern bald das der bürgerlichen Gesellschaft, die entweder Arbeitshäuser einrichtet oder wohlfahrtsstaatliche Institutionen aufbauen wird (Priddat 2002a: Kap. 1). Bei John Locke, dem großen (angelikanischen) Naturrechtsphilosophen des 17. Jahrhunderts, hat die Barmherzigkeit ihre Grenze in der primordialen Selbsterhaltung des Gebenden: erst die eigene Familie, dann gegebenenfalls Barmherzigkeit (vgl. Priddat 2012d). Das ist im Grunde gar nicht weit entfernt von der mittelalterlichen *caritas,* die das Notwendige (*necessarium*) behalten lässt, das Überflüssige: den *superfluum* aber an die Armen gibt. Indem aber Locke das Eigentum an die Arbeit bindet, haben die Armen keinen Anspruch auf Zahlung, sondern umgekehrt die Pflicht, selber zu arbeiten. Der *superfluum*, auf den die Armen in der mittelalterlichen Theologie gleichsam An-Recht haben (fast wie ein Eigentumstitel), wird als arbeitsloses Einkommen abgeschafft. Die bürgerliche Gesellschaft will keine Bettler mehr. Man wertet im 18. Jahrhundert die Lohnarbeit als die zivilisatorisch höherwertige Alternative zur Bettelei bzw. dem Almosengeben; der beginnende Kapitalismus bekommt eine spezifische moralische Qualität (Alvey 1988; Priddat 2002a). Die Produktivitätsentwicklung würde alle Armen über Lohnarbeit mit Einkommen koppeln.

Christentum weitergegeben worden und dann offenbar jahrhundert-
lang vergessen gewesen. Heute gibt es ohne diese Disposition keine
Moderne, keine Konsumgesellschaft, keine Demokratie. (...) Gott
wurde ein Teil ihrer Seele, die in einer Art Gespräch mit ihm überhaupt erst entstand." (Wackwitz 1993: 65-66).

Wenn aber zwischen Gott und den Gläubigen keine vermittelnde
Instanz, keine Kirche und Interpretationen, die man nicht aus eigener
Bibellektüre gewinnen könnte, keine Form von Herrschaft mehr
herrscht, wird der Herr – der Hausvater des Universums, wie Novalis es
gegen 1800 noch nennen mag – zum strengen Gewissenspartner, in
dessen Beziehung/Gebet niemand anderer hineinredet. In der Art und
Weise, in der jeder diese Beziehung zu seinem Gott hat und also jeder
weiß, dass auch jeder weltliche Herrscher diese Beziehung hat, so dass
darin alle gleich sind, entsteht eine Neubewertung der Herrschaft, die
zur Politik wird und eine Neubewertung der Arbeit, denn wenn alle, die
untertänig arbeiten, Kinder Gottes sind, ist das, was sie tun, ebenso
gottgewollt, also anerkennenswert. Und zwar jede Arbeit, gleich welchen Standes, welchen Berufes. Zugleich entsteht die moderne Seele,
die später Subjekt/Subjektivität heißt. Es entsteht auch das Selbst-
bewusstsein, als Mensch vor Gott gleich zu sein, was den nächsten
Schritt, gegeneinander gleich zu sein, nicht mehr ausschließt. In der
Folge wird die Politik als (antike) Idee reaktiviert: dass Herrschaft
immer auch Mitherrschaft oder gemeinsame Herrschaft ist (Rousseau),
eine Sache des Volkes (‚res publica'). Und die Ökonomie wird zur politischen Ökonomie, in deren Zentrum die neuen dynamischen Märkte
stehen, in der die Bürger sich in den Transaktionen ‚peer to peer' begegnen.[3]

---

[3] Die Kriegs- und Beute-Ökonomie des Adels wird vom ‚süssen Handel' –
‚douce commerce', wie Montesquieu ihn nennt – der friedfertigen Bürger ab-
gelöst (Hirshman 1980). Die dynastischen Erbfolgen der adeligen Herrschaf-
ten werden auf die Bürger übertragen, deren Familienunternehmen im produktiven Wirtschafts- und Statuswettbewerb eine neue, bis dato unbekannte
Dynamik entwickeln, in die ständig neue Mitwettbewerber einsteigen. Nicht
mehr die Familie, der Clan, entscheidet den Zutritt, sondern das Kapital (das
zudem auch geliehen sein kann).

Georges Bataille[4] sieht das (katholische) Mittelalter als Epoche statischer Wirtschaft und unproduktiver Verschwendungen, während die Wirtschaft der Neuzeit – die Epoche der protestantischen Ethik – „die überschüssigen Reichtümer (…) in einem dynamischen Wachstum des Produktionsapparats akkumuliert" (Bataille 2001: 150). Im Grunde wird der Luxus in Investition umgewandelt, mit dem epochalen Nebeneffekt, dass potentiell die Armut aufgehoben wird, wenn alle, die bisher kein Einkommen hatten und auf Barmherzigkeit angewiesen waren, über die Kapitalinvestitionen in Einkommen aus Arbeit/Beschäftigung kommen. Was Max Weber als ‚protestantische Ethik' benannt hat, ist die Haltung der Bourgeoisie, ihr erarbeitetes Kapital nicht in Luxus, sondern in weitere Investition zu geben. Hier wird wesentlich Calvins (und der Puritaner) Arbeitsethos ausbuchstabiert; weniger das Luthers[5]. Luthers Arbeitsethos ist eher von Fleiß, Pflichterfüllung, Befolgung von Anweisungen etc. gekennzeichnet (vgl. Huber 2007: 3). Arbeit ist immer auch eine Art von Gottesdienst, vor allem aber Berufung (vgl. Huber 2007: 5; sowie Zapf 2014). Calvin hingegen achtet auf eine gottgerechte und -verherrlichende Lebensführung, die Ergebnisse zutage treten lassen kann, die zeigen, ob man von Gott erwählt ist (vgl. Calvin in: Dupuy 2014).

> „Deshalb ist es konsequent, das innerweltliche Handeln so anzulegen, dass seine Früchte kalkulierbar werden, diese Früchte dann jedoch nicht dem persönlichen Genuss zu Gute kommen lassen, son-

---

[4] Aber auch Tawney 1947.

[5] Nach Max Weber beruht der Kapitalismus auf einer „geistigen Entwicklung in der wirtschaftsfremden Sphäre der Religion", die eine „entscheidende Voraussetzung schuf: die konsequent gelebte Rationalität. In den frühen Formen des Kapitalismus fand sich nach Max Weber diese Rationalität noch nicht. ... ... Das Besondere am modernen Kapitalismus war nach Weber seine Berechenbarkeit. ... ... Die Gewinnmaximierung im modernen Kapitalismus sah er nicht als das beliebige Ergreifen jeder Gelegenheit, schnellen Gewinn zu machen, sondern als Ergebnis systematischer Berechnungen über eine ganze Lebenszeit hinweg. Das war nur möglich, nachdem Betriebe und Berufspflicht sich aus dem Haushalt mit seinen familiären Bindungen herausgelöst hatten. Parallel entwickelt sich die Lohnarbeit, die ein in früheren Gesellschaften unbekannte Effizienzkontrolle erlaubte" (Schefold 2017: Sp. 2f.).

dern erneut einzusetzen, damit aus ihnen neue Früchte entstehen. Der Gedanke, dass die Tüchtigkeit in der weltlichen Arbeit als Zeichen der göttlichen Erwählung angesehen werden kann, hat drei Verhaltensnormen zur Folge, von denen Max Weber zu Recht festgestellt hat, dass sie den Entwicklungsimperativen des Kapitalismus wahlverwandt sind, nämlich die rationale Kontrolle der Welt, die innerweltliche Askese und die Bewährung im Beruf" (Huber 2007: 8).[6] Genauer betrachtet ist es keine Theorie der Arbeit der Arbeiter (die viel später Karl Marx alternativ anbietet (vgl. Kap. 3)), sondern eine Theorie der Arbeit des Bürgertums, genauer: der Bourgeoisie.

1.3 Die Arbeit der Bourgeoisie

Die Bourgeoisie entsteht in der Neuzeit als eine Art mittlerer Stand zwischen dem Adel und den unteren Ständen. Adel und Volk/Pöbel sind durch ihre – je verschiedenen – Leidenschaften charakterisiert, die Bourgeoisie hingegen durch ihr ernstes Arbeits-Ethos. Sie wird die nüchterne, prosaische Klasse. Albert Hirshman redet von den ‚ruhigen Leidenschaften', um beide Seelen in der Brust – die unternehmerische und die sorgend-kalkulatorische – ineins nennen zu können.

> „In jedem vollkommenen Bourgeois wohnen, wie wir wissen, zwei Seelen: eine Unternehmerseele und eine Bürgerseele (…) der Unternehmungsgeist ist eine Synthese von Geldgier, Abenteurerlust (…) der Bürgergeist setzt sich aus Rechnerei und Bedachtsamkeit, aus Vernünftigkeit und Wirtschaftlichkeit zusammen" (Sombart 1920/ 1913: 256).

Die Bourgeoisie unterscheidet sich von allen bisherigen Oberschichten vornehmlich darin, dass sie arbeitet (Moretti 2014: 50-51).

---

[6] „Wer in Gottes Gnade stand, konnte dies nicht sicher wissen, aber war innigst bestrebt, sich dessen zu vergewissern. So führte man sorgfältig Buch, ob man so bescheiden lebte, wie es christlichen Geboten entsprach, ob man den Reichtum erwarb, den man als Ausdruck der Gnade erhoffte, und man verwendete ihn, um andere zum guten Leben zu befähigen, spendete also an Arme, um sie zur Arbeit zu bringen" (Schefold 2017: Sp. 3).

Dabei geht sie auf eine Paradoxie ein: der Bourgeois muss „für einen anderen arbeiten", da Arbeit stets auf einem äußeren Zwang beruht und kann „doch nur für sich selbst arbeiten (…), weil er keinen Herren mehr hat" (Kojeve 1975/1947: 83). Die bürgerliche Kultur beruht auf harter Arbeit: hartes und ruhiges Arbeiten in dem Sinne, in dem „der rational betriebene Erwerb von Reichtum" eine „ruhige Leidenschaft" ist, wie Albert O. Hirshman schreibt, weshalb die solcherart – stetig, methodisch, kumulierend – „verfolgten Interessen" auch über die „turbulenten (aber schwachen) Leidenschaften" der Aristokratie obsiegen (Hirshman 1980: 49ff). Die harte Arbeit genießt den Nimbus des Tugendhaften. Das ist neu im europäischen Tugendkatalog.[7]

Max Webers ‚protestantische Ethik' spiegelt diesen Prozess: „Am Anfang steht der kapitalistische Abenteurer, der erst im Lauf der Zeit über den Arbeitsethos zu einer ‚rationalen Temperierung' seines ‚irrationalen Erwerbstriebes' gelangt" (Moretti 2014: 54; mit Zitaten von Weber 1920/1905: 4). Selbst ihre freie Zeit verwenden sie für derart nüchterne Dinge, dass es einem vorkommt, als arbeiten sie die ganze Zeit über.

„Bürgerlicher Beruf als Form des Lebens bedeutet (…), dass das Leben durch das beherrscht wird, was sich systematisch, regelmäßig wiederholt, durch das, was pflichtgemäß wiederkehrt, durch das, was getan werden muss ohne Rücksicht auf Lust und Unlust. Mit anderen Worten: die Herrschaft der Ordnung über die Stimmung, des Dauernden über das Momentane, der ruhigen Arbeit über die Genialität, die von Sensationen gespeist wird." (Lukacs 1917/1911: 84-85).

„Das Realitätsprinzip: Das Zurandekommen mit der Realität, das zu allen Zeiten eine Notwendigkeit war, wird zu einem ‚Prinzip', einem Wert erhoben. Die eigenen spontanen Wünsche im Zaum zu halten ist nicht mehr einfach bloß Repression: es ist Kultur" (Moretti 2014: 129-130).

---

[7] Werner Stark weist darauf hin, dass die Idee der Universalkirche, die der Calvinismus, gegen die katholische Kirche, ausdrücklich vertrat, letztlich misslang und in einer ‚Moralisierung' des Bürgertums endet. „Die Moral, die entwickelt wurde, war aber nur die Bürgermoral, mit Tugenden wie Selbstbeherrschung, Sparsamkeit, Pflichterfüllung und systematischer Lebensführung im allgemeinen." (Stark 1985: 30). Der gnadentheologische Prädestinationsglaube ist längst erblasst.

Franco Moretti hält diese Linie Webers – die Unterscheidung zwischen der Kultur des Abenteurers und dem rationalen Arbeitsethos – für zu einseitig. Denn es wäre unwahr,

> „dass sich der moderne Kapitalismus auf das rationale Arbeitsethos reduzieren ließe, wie Weber es offensichtlich meint; und deshalb sind auch ‚irrational-spekulative' oder am ‚Erwerb durch Gewaltsamkeit' orientierte Aktivitäten, nur weil sie für den modernen Kapitalismus nicht typisch sind, keineswegs aus diesem verschwunden." (Moretti 2014: 56).

Im 7. Kap. seines Buches „Kapitalismus, Sozialismus und Demokratie" weist Joseph A. Schumpeter auf die ‚schöpferische Zerstörung' (vgl. Schumpeter 1993/1942). Schumpeter

> „lobte den Kapitalismus nicht wegen seiner Effizienz oder Rationalität, sondern seiner Dynamik wegen (…) statt zu bemänteln, dass Innovation mit Kreativität und Unvorhersehbarkeit einhergeht, machte er diese zu Grundpfeilern seiner Theorie. Innovation ist grundsätzlich ein Verlust des Gleichgewichts – ein Sprung ins Ungewisse." (Elster 1983: 11, 112).

Die bürgerliche Kultur, die in der ‚protestantischen Ethik' die Domestikation des Irrationalen der unternehmerischen Leidenschaften nachgezeichnet bekommt, ist mit dem Bürgertum – zumindest in Deutschland – untergegangen. Schumpeter identifiziert 1942 diesen Untergang als Transformation des Unternehmers in den Manager, mit negativen Folgen für den Kapitalismus. Damit stirbt die Verallgemeinerung und Überhöhung des rationalen Arbeitsethos und die exzessiven Momente des Unternehmerischen, die Weber noch als irrationalen Trieb ansah, werden hoffähig. Insbesondere in den Kapitalmärkten der letzten 20 Jahre.

1.4 Innerweltliche Askese

Die innerweltliche protestantische Askese – die zweite Dimension der Weber'schen Theorie – öffnet einen anderen Pfad:

„Die innerweltliche Askese wirkte also mit voller Wucht gegen den unbefangenen Genuss des Besitzes, sie schnürte die Konsumtion, speziell die Luxuskonsumtion, ein. (Doch) Nicht Kasteiung wollte sie dem Besitzenden aufzwingen, sondern Gebrauch seines Besitzes für notwendige und praktisch nützliche Dinge. Der Begriff des *comfort* umspannt in charakteristischer Weise den Preis der ethisch statthaften Verwendungszwecke, und es ist natürlich kein Zufall, dass man die Entwicklung des Lebensstils, der sich an jenen Begriff heftet, gerade bei den konsequentesten Vertretern dieser Lebensanschauung; den Quäkern, am frühesten und deutlichsten beobachtet hat. Dem Flitter und Schein chevalreresken Prunks, der, auf unsolider ökonomischer Basis ruhend, die schäbige Eleganz der nüchternen Einfachheit vorzieht, setzten sie die saubere und solide Bequemlichkeit des bürgerlichen *home* als Ideal entgegen" (Weber, 1920/1905: 190-191; Hervorhebung i.O.).

Das Haus ist nicht mehr der abendländische ‚oikos', sondern das Heim der sich modernisierenden Familie (dazu: Koschorke et al. 2010). Die Freude am eigenen Heim wird Ende des 18. Jahrhunderts zu einer Mode in England und verbreitet sich weltweit im bürgerlichen Mittelstand (vgl. Moraze 1959: 17-18; sowie De Vries, 2008). Aber nur

„die unmittelbare Verbindung zur Arbeit macht den Komfort für die protestantische Ethik akzeptabel; sie billigt den Wohlstand, solange der damit verbundene Komfort nicht dazu verleitet, der eigenen ‚Berufung' untreu zu werden, also maßvoll und nüchtern bleibt" (Moretti 2014: 77).

Was für das Geschäft ‚harte' und vor allem ‚durchgehende' Arbeit war, wird auf der anderen Seite der bürgerlichen Medaille zum ‚comfort', zur Bequemlichkeit des eigenen Heims, das nicht nur nützliche Annehmlichkeiten (‚conveniences') bietet, sondern auch freie oder Mußezeit, die der Bildung reserviert ist.[8] „Zeit und Muße" sind unerlässliche Voraussetzungen,

„damit bürgerliche Kultur mit ihren Elementen des Spiels, der Stilisierung und der Reflexion möglich wird. (…) [Zu den] sozialen und

---

[8] Robert Schäfer zeigt die Transformation der innerweltlichen Askese in spätere Formen ästhetischer Lebensführung (Schäfer 2013).

ökonomischen Bedingungen (…) bürgerlicher Lebensführung und Werte (…) gehören ein stetiges Einkommen deutlich über dem Existenzminimum" (Kocka 1988: 31).

So bleibt auch das Nicht-Arbeitsleben nicht tätigkeitslos, aber die Anstrengungen gehen ins Geistige. Hier kollidiert im 19. Jahrhundert die Prosa des Bürgerlichen mit der Poesie und trennt die Bildungsbürger von den nüchternen Kaufleuten.[9] So wird das Askese-Moment Ende des 19. Jahrhunderts wieder zurückgenommen. Es ist eher Luthers Kontemplationsmotiv (Maiwald-Wiegand 2010: III.1), das sich in Bildungssehnsucht übersetzt. Franco Moretti hat in seiner Literaturanalyse über den ‚Bourgeois' zeigen können, dass für das aufkommende Bürgertum die Prosa des Romans der geeignete Stil war, während zum Ende des 19. Jahrhunderts in der durchgreifenden Industrialisierung zwar das Geschäftliche wächst, aber die bürgerliche Kultur zusammenbricht (vgl. Moretti 2014: 257-268; vgl. exemplarisch auch das Ende der „Buddenbrocks"). Mit dem – oft ‚neureichen' – Entrepreneur kehrt „nach Jahrzehnten der Nüchternheit die Hybris wieder in die Welt zurück – und in ihrem Schlepptau die Tragödie" (Moretti 2014: 263). Der jetzt passende Stil ist die Tragödie, an Ibsen von Moretti exemplarisch nachgezeichnet. In dieser Auflösung der nüchtern-realistischen Kultur der Bourgeoisie löst sich auch der Arbeitsethos auf und wird auf der einen Seite vom innovativen Unternehmertypus Schumpeters übernommen, auf der anderen Seite von der erstarkenden Gewerkschaftsbewegung, die nicht den individuellen Arbeitsethos, sondern die kollektive Arbeitskraft ins Zentrum rückt. Diese Unternehmer sind eher expressive Typen, die das Unwahrscheinliche angehen und realisieren wollen,[10] die die Welt in Möglichkeitskategorien absuchen, nicht nach Tatsachen. „Die Genauigkeit des Details weicht weitschweifiger Imagination, die Realität dem Möglichen. Das ist die lyrische Phase des

---

[9] Vgl. die Spannungen in Thomas Manns „Buddenbrocks" in Priddat 2012b. In seinen „Betrachtungen eines Unpolitischen" kann es Thomas Mann nicht unterlassen, darauf hinzuweisen, dass eigentlich er die ‚protestantische Ethik' in seinem „Buddenbrocks" erfunden habe (siehe: Mann 2004/1918: 162-163.; zum Verhältnis Thomas Mann und Max Weber vgl. Maiwald-Wiegand 2010).

[10] Siehe hierzu Priddat 2015a; ‚merchant adventurers', wie der vorneuzeitliche Unternehmer in seiner Alertheit und Findigkeit auftrat.

kapitalistischen Fortschritts" (Moretti 2014: 265). Fortan gilt es, die Märkte, wie die Welt, nach Risiken und Ungewissheiten zu interpretieren (siehe: Knight 1920). Mit dem Arbeitsethos der Ehrlichkeit und Ernsthaftigkeit hat das nichts mehr zu tun. Die protestantische Ethik wird von Weber zu einem Zeitpunkt geschrieben, der das Ende ihrer Epoche markiert.

> „Die große Tugend der Bourgeoisie ist die Ehrlichkeit (…); und Ehrlichkeit ist immer retrospektiv: Man ist ein ‚ehrlicher Mann', wenn man in der Vergangenheit nichts Falsches getan hat. Im Futur hingegen kann man nicht ehrlich sein, und das Futur ist das Tempus des Entrepreneurs" (Moretti 2014: 265).

Jetzt geht der Bourgeois, der das Arbeitsethos längst hinter sich gelassen hat, aber auch die Leidenschaftlichkeit des Entrepreneurs, in den Typus des Mannes ohne Eigenschaften über, der im Möglichkeitssinn aufgeht (wie bei Musil). Schumpeter sieht in ihm den Manager (vgl. Schumpeter 1993/1942 sowie 2008/1942).

Es ist eben die

> „profunde Irrationalität, der wir im Zusammenhang mit dem bürgerlichen Arbeitsbegriff begegnet sind: je mehr konkrete Details der nüchterne, prosaische Blick zum Vorschein bringt. Je mehr er unsere Wahrnehmung der Welt bereichert – je besser er seine Arbeit macht –, desto mehr entzieht sich uns der Grund, aus dem er das tut. Die Produktivität steigt auf Kosten des Sinns" (Moretti 2014: 101).

Wie Max Weber bereits nachzufragen Anlass sah: Worauf kommt es im Prozess der ‚Entzauberung' mehr an: darauf, dass man „alle Dinge – im Prinzip – durch Berechnen beherrschen" kann, oder darauf, dass die Ergebnisse solchen Berechnens uns nichts mehr „über den Sinn der Welt zu lehren" vermögen? (Weber 1994/1919: 9, 12).

Im historischen Raum der ‚protestantischen Ethik wurde „harte Arbeit" zum Ende des Prozesses hin durch „clevere Findigkeit ersetzt" (Moretti 2014: 52). Dieser Prozess hält heute an und wird verstärkt. Nicht mehr die Industrie (als Industrie wie als ‚industry') dominiert die Wirtschaft, sondern die Kapitalmärkte (und die wettbewerbsintensiven Gütermärkte, die mit der Kunst der ‚persuasion/Überredung' arbeiten: Werbung [Priddat 2015c]). Werner Stark spricht – ausdrücklich auf die

‚protestantische Ethik' bezogen – vom „Verfall des Kapitalismus" (Stark 1985: 31), weil der bedürfnissenkende Arbeitsethos durch einen hedonistischen Utilitarismus ersetzt wurde, der den „Genuss an die Spitze der Wertehierarchie" beförderte (Stark 1985: 31). In der Spannung zwischen Arbeit und Genie – wie wir bei Lukacs lasen – zählt heute das ‚Genie' (zumindest für die Gewinner, ‚die all-takers'. Die anderen müssen wieder arbeiten gehen). Es ist eine Art „dichterische Fähigkeit" des Entrepreneurs

> „vor den Augen der anderen Bilder von verführerischem Reiz und bunter Pracht erstehen zu machen. (...) Er regt die Phantasie an (...) und weckt mächtige Instinkte; (...) die Grundstimmung seines Wesens ist ein enthusiastischer Lyrismus. Selbst träumt er mit aller Leidenschaftlichkeit den Traum seiner glücklich zu Ende geführten, erfolgreichen Unternehmung" (Sombart 1920/1913: 115; 121-122).

Was hat das mit dem Ende der protestantischen Ethik zu tun? Die Arbeit, die nicht nur in der Lebensführung der Bourgeoisie bedeutsam war, sondern auch in der klassischen Ökonomie als Arbeitswerttheorie, war immer vergangene, immer bereits schon geleistete Arbeit, die den Anspruch stellte, auf den Gegenwartsmärkten ausgezahlt zu werden. Arbeit war gleichsam Vorleistung, eine Art fundamentaler Kredit an die späteren Nachfrager, den sie durch Kauf einzulösen hatten. Aus der Perspektive der Arbeitswerttheorie waren die Märkte potentiell unzuverlässige Arenen, da der Preis nicht immer dem Wert entsprach. Die ganze Arbeit, die man in die Produktion einbrachte, war nichts wert, wenn man nicht unternehmerisch den Geist des Marktes erspürte, die richtigen Konstellationen, Nachfragen, Trends (man mag hier erahnen, was die Marx'sche Kritik der politischen Ökonomie umtrieb: eine planerische Wirtschaft als Versorgungsform, die nach Bedarf und Gebrauchswerten der vorgeleisteten Arbeit eine faire Abnahme gestattete). Das unablässige Arbeiten – das Arbeitsethos des Personals der ‚protestantischen Ethik' – erweist sich, wenn man die Arbeitswerttheorie genauer betrachtet, als potentiell vergebliche Bemühung, wenn schließlich der Markt die Produkte der Arbeit negieren sollte. Das Entscheidende am calvinistischen Bourgeois ist nicht sein strenges Arbeitsethos, sondern dass er Erfolg auf den Märkten hat.

Bleiben wir für einen Moment bei der Kreditinterpretation der Arbeit. Sie ist immer Vorleistung: erst danach wird der Lohn ausgezahlt. Erst danach wird die Investition rentierlich (oder geht Konkurs). In dieser ungeheuren Vorarbeit ist die spätere Konsumgesellschaft bereits angelegt: Alle Arbeit, die vorgearbeitet wurde, will akzeptiert und nachgefragt werden. Jede Bescheidenheit im Konsum wird zum Risiko der Nachfrageeffektivität der Vorarbeit. Wenn allerdings im 19. Jahrhundert die Begierden/Bedürfnisse freigelassen werden, erhöht sich die Nachfrage und das Risiko der Abnahme der Vorarbeit sinkt. Umgekehrt lohnen sich Arbeit und Investition, selbst dann, wenn man nicht bemessen kann, was abgenommen wird (Bedarf). Die Dynamik dieser Prozesse regelt die Entschuldung des gewaltigen Vorarbeitskredits oder bricht in Krisen zusammen. Fast paradox: Die kapitalistische Dynamik, die die produktiver werdende Arbeit durch sich ausweitende Nachfrage entschuldet, beruht auf zunehmender Verschuldung, d.h. auf Krediten für die Investitionen. Denn auf Eigenkapitalbasis hätte sich dieser Kapitalismus nicht entfalten können (hierzu ebenso Binswanger 2013). Kapitalismus ist ein Kapital/Kapitalmarktnexus. Das alles fehlt der protestantischen Ethik. Sie betrachtet die individuellen Anstrengungen bezüglich des Seelenheils, deren externe Effekte die Kapitalakkumulation betrieben, aber sie hat nicht im Auge, dass nicht die Anstrengungen allein den Kapitalismus formieren, sondern die intelligenten Institutionen des Bankings und der beginnenden Kapitalmärkte. Erst ihr Funktionieren, erst ihre zunehmende Legitimation lassen die Investitionsdynamik entfalten.

Die innerweltliche Askese kann im dynamischen Kapitalismus nicht mehr bestehen. Wenn die protestantische Ethik Luther und vor allem Calvin, als Kapital-Investitions-Theologie interpretiert, beschert die Dynamik des Kapitalismus im 19. Jahrhundert, gerade über den durch die Industrialisierung (und den ausweitenden Kolonialismus) ermöglichten Massenkonsum, eine Bedürfnisexpansion (auf der Basis von Einkommensentwicklungen), die mit der Weber'schen Theorie nicht mehr zu fassen ist.

Was Moretti für das Ende des 19. Jahrhunderts als Wendung ins Drama, weg von der nüchternen Prosa der Unternehmerwirtschaft, sah, erweist sich als Vollendung eines Geschichtstopos, den Reinhard

Koselleck für die Moderne seit 1800 aufzeigt: der „Wechsel von Erfahrung auf Erwartung" (Koselleck 1988). Die Märkte offenbaren nicht mehr, was an vergangener Arbeit in sie hineingestellt wurde, sondern was an Wert je künftig erwartet werden kann. Allein aus dieser Konzeption heraus kann der Wechsel von der klassisch-ökonomischen Arbeitswerttheorie in eine andere Form der Wertzumessung verstanden werden (wie sie Ende des 19. Jahrhunderts als ‚marginal revolution' bzw. als Grenznutzentheorie aufkam) und zwar erst einmal als Auflösung der deterministischen Vergangenheit-Gegenwart-Relation. Was sich als Nutzen/Wert je aktualisiert, ist nicht durch die Vorarbeit determiniert, sondern durch Wettbewerb, Umstände und subjektive Einschätzungen (subjektive Wertlehre). So musste sich die Theorie im 19. Jahrhundert ändern. Dass man mit derselben Arbeit mehr und mehr – produktiver – produzieren konnte, war der Technologie, der neuen Industrie als Massenproduktionsverfahren, zu verdanken. Der Vergangenheitswert der Arbeit wurde relativ unwichtig gegenüber ihrem Produktivitätswert aus den Mensch/Maschine-Schnittstellen und deren Organisation/Management. Zwei geistige Formationen: Ingenieurskunst/Technologie und Management traten zur ‚harten Arbeit' hinzu. Die Bourgeoisie delegierte ihre bisher einzig von ihr gelebte Lebensform an untere Chargen und an eine technische Intelligenz, später ans Management (vgl. Stark 1985: 29; sowie genereller Priddat 2012a).

Wenn wir die protestantische Ethik als eine große retrospektive Erzählung eines bürgerlichen Tugendprogramms für wahr nehmen, das für den sich bildenden Kapitalismus ein Personal zur Verfügung stellte, ohne deren Haltungen und Arbeitsethos das Projekt sich kaum hätte entwickeln können, müssen wir für die Gegenwart feststellen, dass wir in eine andere Soziologie der Ökonomie gewechselt sind, in der sich viele heterogene Typen tummeln, die keine gemeinsamen bewussten Verhaltensnormen ausbilden, sondern lose Netzwerkkopplungen und Schwarmkollektive, d.h. temporäre Interaktionsmuster, die vielfältig wechseln.

Wenn wir heute von Haltungen oder ‚belief systems' reden, dann z.B. von ‚awareness', d.h. von einer Haltung, auf Änderungen und Möglichkeiten hoch aufmerksam zu sein, um sich ihnen anzupassen.

Dieser Opportunismus führt zu einem unternehmerischen Privatverhalten, das kurzfristige Gewinne/Nutzen mitzunehmen wichtiger findet als längerfristig nachhaltige Investitionspotentiale aufzubauen und es bedeutsamer findet, ‚short cutted money' im Kapitalmarkt zu machen als mühsam die Leitung und Organisation von beschäftigungsintensiven Unternehmen zu übernehmen, für die man auch noch verantwortlich ist. Es ist eher ein ‚homo ludens'-Muster, aber nicht als kulturkritische Anmerkung; wir müssen sehr vermeiden, aus der Perspektive der protestantischen Ethik, die wir gerade verabschieden, diese neuen Verhalten zu betrachten. Die Spiele, in die die Menschen heute gehen, sind vielfältige Arenen und Regeln, die z.T. parallel gelten, zwischen denen gewechselt werden kann, die schwächer oder stärker werden (vgl. Hutter 2015: 13-38, 181-204). Aber sie sind weder ein homogenes Arbeitsethos noch überhaupt gemeinsam geteilte mentale Modelle der Welt.

Das Ethos, das heute bevorzugt wird, heißt: Innovation, Kreativität (Boltanski/Chiapello 2006). Der entscheidende Punkt ist nicht, welche Ideen man hat, nicht wieviel eigene Arbeit man hineinsteckt, sondern welches Kapital es interessant genug findet, es zu finanzieren. Letzthin ist der Verwertungsblick entscheidend. Nicht die Arbeit, Vorarbeit oder Nacharbeit. Wir gehen in eine neo-idealistische Phase des Kapitalismus, in der nicht das Aus- und Abarbeiten wichtig ist, sondern genauso das Vorarbeiten, Konzipieren, Wissen- und Ideenhaben. Nur so wird der Name der ‚Wissensgesellschaft' verstehbar. Doch taugt der ganze Idealismus nicht, wenn nicht ein Kapital zugreift. Es ist ein Ideo-Kapitalismus, den Jürgen Beckert als ‚imaginativen Kapitalismus' kennzeichnet (Beckert 2016). Da die Zukunft offen ist, sind Akteure mit der Ungewissheit von Handlungsresultaten konfrontiert. Erwartungen unter Bedingungen von Ungewissheit sind fiktionale Erwartungen, d.h. Vorstellungen, die nur bedingt auf Erfahrungen, Haltungen oder Einstellungen rückführbar sind. Indem die Zukunft des Kapitalismus als imaginatives Projekt beschrieben wird, werden die arbeitsethischen Theoreme endgültig Geschichte.

Zeittheoretisch betrachtet dominieren heutzutage die Erwartungen zukünftiger Wertschöpfungen die gegenwärtigen Wertschöpfungen. Deswegen müssen ständig dynamisch Innovationen geschehen. Das, was heute gilt, ist potentiell schon durch das nächste Bessere bedroht (siehe Priddat 2015b). Im Kapitalmarkt geht das System bereits einen Schritt weiter, indem es zukünftige (riskante) Gewinne/Werte bereits jetzt schon handelt (als Derivate). Wo bisher mit Anleihen, Aktien und Rohstoffen Geld verdient wurde, werden zunehmend Wetten auf die Preisentwicklung von Anleihen, Aktien und Rohstoffen platziert: ein Metamarkt. Die Finanzwirtschaft hat ihr Prinzip, mit nur erst versprochenen oder erwarteten Erträgen, Wertentwicklungen und Finanzierungslücken zu handeln, also mit dem Morgen ihr Geschäft zu machen, nunmehr so weit vorangetrieben, dass sich die Ungewissheit dieser Zukunft potenziert hat. Und zwar dadurch, dass diese Ungewissheit zunehmend in die Gegenwart zurückwirkt und sogar deren Verlauf bestimme. Die Zukunft, in der jede Spekulation zu Hause sein muss, ist, nachdem sie sich lange immer weiter in die Zukunft ausgedehnt hatte, in der Zeit zurückgewandert und hat die Gegenwart unterhöhlt. Dass man nicht weiß und nicht wissen kann, welchen Wert eine Sache oder eine Handlung in Zukunft haben wird – dieses Risiko ist zur Ungewissheit darüber geworden, welchen Wert eine Sache oder Handlung in der Gegenwart besitzt. Die Finanzmarktakteure versuchen, eine kontingente Zukunft danach zu bewerten, wie der Markt selbst sie gegenwärtig bewertet. Der Markt funktioniert als ein System von Antizipationen, die das ökonomische Verhalten auf das Erraten dessen verpflichtet, was der Markt von der Zukunft denken mag. Dies macht scheinbar verlässliche Größen, wie Angebot und Nachfrage, nicht nur unkenntlich, sondern unerkennbar (siehe hierzu Vogl 2009 sowie Esposito 2010).

„Ungewissheit, d.h. potenzierte Zukunft, ist hier nicht einfach Gegenstand von Erwartung und Voraussicht, sie wirkt vielmehr in die aktuelle Gegenwart hinein und diktiert deren Verlauf. Ihr Ungewisses ist das, was jetzt, gerade und aktuell interveniert. Haben sich moderne Vorsorgegesellschaften einmal über die Verwandlung von Gefahren in Risiken und über die Bändigung des Zufalls formiert, so ist nun das Zufällige, die Gefahr, ein ungebändigter Ereignissturm, in die Mitte dieser Gesellschaften zurückgekehrt. Und bestand einmal die Idylle des Markts in der Hoffnung, dass das eigensinnige Verhalten ökonomischer Akteure, wie durch eine unsichtbare Hand, die Rationalität des Systems hervorbringen kann, so produziert nun der Vollzug ökonomischer Rationalität das Ungewisse, d.h. das Irrationale schlechthin" (Vogl 2009).

Das sind völlig neue Interpretationsraster des Kapitalismus, weit entfernt von jeder protestantischen Ethik. Die protestantische Ethik kann diesen Topos der ‚imagined futures‘ nicht denken (vgl. Beckert 2016). Sie beschreibt eine Konzeption der Glaubensgewissheit, die sich den Kalkül der Arbeit und der Maßhaltung weltlich zunutze macht. Die Spannungen zwischen Risiko und Ungewissheit, die die heutigen ökonomischen Verhalten ausmachen, brauchen paradoxerweise dringender die ‚Gnade Gottes‘, denn alle Hoffnungen auf Werkgerechtigkeit sind vergeblich. Hier schließt der Kreis zu Luther: Alles, was wir ökonomisch tun, bleibe kontingent, nämlich allein der Gnade überantwortet, keinem menschlichen Willen. Aber hier endet auch die Analogie: Luther ging es um den rechten Weg ins Himmelreich zu kommen. Davon sind wir, im ökonomischen Normalbetrieb, weit entfernt. Wir befinden uns in einem Weltmodus, der ‚post mortem‘ nichts erhofft, weshalb alles im Leben selbst erreicht werden müsse. Da das Leben kurz ist, scheint es sich zu lohnen zu maximieren. Diese aufklärerische Volte ist zeitphilosophisch der Grund, den Wirtschaftsprozess so zu dynamisieren, wie wir es seit 1800 exponentiell erleben. Sie ist aber zugleich der Grund, mit unserem Leben alleine dazustehen, ohne Trost und Erlösung.

Das Ich, schreibt Heinz Dieter Kittsteiner in einem anders gelagerten Blick auf die protestantische Ethik, ist ein Resultat der Tugendbetonung ohne Gnade. Ohne Gnade wird dem Ich eine Perfektion zugeschrieben, die niemand tatsächlich aushalten kann. Das aus der Gnade Gottes, seiner Willkür entlassene Ich muss sich selber erlösen, d.h. alle Schuld (von Verfehlung) lastet es sich selbst auf (vgl. Kittsteiner 1990). Das sind die Kosten der Individualität: das erschöpfte Selbst (vgl. Ehrenberg 2004). Das Programm der Aufklärung: Die einzige Chance, der Schuld zu entgehen, von vornherein vernünftig zu handeln, kann nur ideal gelingen, nicht aber in der Kontingenz der Wirtschaft, wie sie in den Märkten, bei den Investitionen herrschen. Der ‚homo oeconomicus‘ als ‚homo rationalis‘ erweist sich als Illusion. Wir sind in unserem Verhalten, auch in der Wirtschaft, auf sinnleere Konventionen und auf experimentelle, eher kreative Prozesse ausgerichtet, die Michael Hutter als Spiele bezeichnet (nicht die der (rationalen) Spieltheorie). Die Spiele, in die die Menschen heute gehen – nach dem Muster des ‚homo ludens' –, finden in vielfältigen Arenen und nach Regeln statt, die z.T. parallel gelten, zwischen denen gewechselt werden kann, die schwächer oder stärker werden etc. (vgl. Hutter 2015: 13-38, 181-204). Aber sie sind weder ein homogenes Arbeitsethos noch überhaupt gemeinsam geteilte mentale Modelle der Welt. Die Menschen haben weder eine geordnete Welt für ihr Leben noch einen komplementären Himmel für ihr ewiges Leben. Für Luther wären wir sowieso alle verloren, da wir weder religiöse noch weltliche Haltung bezeugten.[11]

Indem wir so das Ende der protestantischen Ethik bezeugen müssen, verstehen wir vielleicht erst, welchen Fragehorizont Nietzsche aufgeworfen hatte: dass wir, wenn wir gewahr werden, dass Gott tot ist, Menschen werden müssen. Das Projekt ist noch in Arbeit.

---

[11] Samuel Weber weist auf eine ganz andere Formation im Nachschatten der protestantischen Ethik. Die Arbeit „liefert ein Modell des Selbst als einem bewussten Prozess, der sich selbst in Raum und Zeit erfüllt. So betrachtet ist die produktive Arbeit die säkulare Erbin der göttlichen Schöpfungskraft. Da der Produzent jedoch in einer ‚gefallenen' Welt lebt, muss diese Analogie durch den Tauschvorgang vermittelt werden. Er ist nämlich nur der ‚Andere' des Produzenten, der die Gnade der Selbsterfüllung durch den Konsum erlangen kann – und durch Kredit, welcher als ökonomisch-theologischer Erbe der sündhaften Schuld zu gelten hat" (Weber 2009: 35). Es geht darum, für den kapitalistischen Raum „die erfüllende und erlösende Dimension der ‚guten Werke' zu rechtfertigen, die Luther so radikal in Frage gestellt hatte" (Weber 2009: 37). Weber argumentiert für eine religiös gestimmte amerikanische Wirtschaftskultur, deren säkularisierte Eschatologie durch Konsum und Verschuldung bestimmt ist (Weber 2009: 41-43). Samuel Weber bezeichnet das als „amerikanische Konsumreligion" (Weber 2009: 41), die nicht durch Anhäufung von Reichtum (calvinistische Version), sondernd durch die Anhäufung von (Konsum-) Schulden geprägt ist. „Warum sparen, wenn Kredit allein – sola fide – der einzige und offensichtliche Weg zum Heil ist? Die amerikanische Obsession, die Welt ‚retten' (save) zu wollen – in der Tradition der sogenannten ‚manifest destiny', die heute umformuliert zur amerikanischen Mission, die Geschicke der Welt zu lenken – ist nur eine einzige, besonders verhängnisvolle Projektion des tiefen und umfassenden puritanischen Schuldbewusstseins, dem die amerikanische Geschichte, einschließlich des Genozids an den Ureinwohnern und der Sklavenarbeit, nur allzu realen Tribut gezollt hat" (Weber 2009/1905: 45).

2. Muße I: Schönheit, Spiel und Muße. Friedrich Schillers ästhetische Erziehung des Menschen

Als was gilt uns Schiller heute? Dort, wo wir uns erinnern, als Freiheits-Dichter (so breit ausgelegt in Safranskis Biographie (Safranski 2016)). Aber ist er noch die ,Jahrhundertgestalt der deutschen Literatur'? Vielleicht. Vergessen aber haben wir ihn als Philosophen einer großen Ästhetik. Er ist kein großer Philosoph – dazu ist er zu eklektizistisch[1] –, aber ein Anreger für viele, auch Fichte, Hegel.

2.1 Das Spiel des Menschen

Im 15. Brief seiner ,ästhetischen Erziehung' entwirft Friedrich Schiller die Idee, das Wesen des Menschen offenbare sich erst und allein im Spiel: „der Mensch spielt nur, wo er in voller Bedeutung des Worts Mensch ist, und er ist nur da ganz Mensch, wo er spielt" (Schiller 2009/1795/1795: 64).[2]

---

[1] Anders sieht es z.b. Moggach 2016, der Schiller in die Reihe der deutschen idealistischen Philosophen aufnimmt.

[2] Ohne die Verwendung des Spiel-Begriffs lesen wir über die Aufgaben der Poesie von Schiller, Gottfried Bürgers Gedichte analysierend: Die Aufgabe der Poesie sei, die „getrennten Kräfte der Seele wieder in Vereinigung" zu bringen, „welche Kopf und Herz, Scharfsinn und Witz, Vernunft und Einbildungskraft in harmonischem Bunde beschäftigt, gleichsam den ganzen Menschen in uns wieder herstellt" (Schiller 2004/1791: 677). Später wird die Seele ins Spiel gewandelt. Die Grundproblematik zwischen Stoff und Form löst Schiller, indem er sie im Begriff des Spiels versöhnt. Das Spiel ist Aus-

Es ist eine kulturanthropologische Aussage, die nur aus dem philosophischen Spannungsfeld des 18. Jahrhunderts heraus verständlich wird. In Auseinandersetzung mit Immanuel Kants harter Entgegensetzung von ‚Sinnlichkeit' und ‚Verstand' oder ‚Naturnotwendigkeit' und ‚Freiheit' setzt Schiller den „Spieltrieb" als aufhebendes Drittes.

> „Der Mensch, wissen wir, ist weder ausschließend Materie, noch ist er ausschließend Geist. Die Schönheit, als Konsumation seiner Menschheit, kann also weder ausschließend bloßes Leben sein, (…), noch kann sie ausschließend bloße Gestalt sein (…): sie ist das gemeinschaftliche Objekt beider Triebe, das heißt, des Spieltriebs" (Schiller 2009/1795/1795: 61).

Das ‚blosse Leben', die Sinnlichkeit betreibt den Stofftrieb, die ‚blosse Gestalt' entstammt dem Formtrieb (des Geistes) (Schiller 2009/1795: 61 und im 14. Brief: 58). Die Grundproblematik zwischen Stoff und Form löst Schiller, indem er sie im Begriff des Spiels versöhnt. Das Spiel ist Ausdruck der Kunst, die Kunst ‚eine Tochter der Freiheit'. Was hier also die schöne Seele leiste, wird dort dem Spiel zugewiesen.

Der doppelten Natur des Menschen (Schiller 2009/1795: 63) von Materie und Geist fügt Schiller, über Kant hinausgehend, dessen philosophische Disposition er übernommen hat, die Schönheit als Drittes bei.

> „Der Gegenstand des Spieltriebes, in einem allgemeinen Schema vorgestellt, wird also *lebendige Gestalt* heißen können; ein Begriff, der allen ästhetischen Beschaffenheiten der Erscheinungen und mit einem Worte dem, was man in weitester Bedeutung Schönheit nennt, zur Bezeichnung dient" (Schiller 2009/1795: 60; Hervorhebung i.O.).[3]

---

druck der Kunst, die Kunst ‚eine Tochter der Freiheit'. Was hier also die schöne Seele leistet, wird dort dem Spiel zugewiesen (vgl. auch Pieper 1996).

[3] Martin Seel, der Philosoph, weist auf Kants Spiel-Begriff, der allerdings von der Muße (dem Nichtstun) sehr unterschieden bleibt. Die Muße wird als „Leblosigkeit" abgetan, das Spiel aber gehört zu den Tätigkeiten: „Alle Beschäfftigung ist entweder Geschäffte oder Spiel". Gerade im Kontrast zur Arbeit gewinnt das Spiel einen eigenen inneren Wert (Seel 2018: 53-54; auch Seel 2000).

Ein Buch, das die ‚ästhetische Erziehung des Menschen' zum Gegenstand hat, hat damit seinen zentralen Begriff gewonnen, dessen operative Funktion das Spiel ist.

„Da sich das Gemüt bei Anschauung des Schönen in einer glücklichen Mitte zwischen dem Gesetz und Bedürfnis befindet, so ist es eben darum, weil es sich zwischen beiden teilt, dem Zwange sowohl des einen als des anderen entzogen" (Schiller 2009/1795: 62).

So zeichnet sich im Spiel des Schönen bereits der Begriff ab, auf den es später, in den hinteren Briefen der ‚ästhetischen Erziehung' ankommt: die Freiheit von Zwängen.

Im 27. Brief wird es emphatisch deklariert:

„Mitten in dem furchtbaren Reich der Kräfte (Stoffe, Sinnlichkeiten; B. P.) und mitten in dem heiligen Reich der Gesetze (der Sittlichkeit, der Moral; B. P.) baut der ästhetische Bildungstrieb unvermerkt an einem dritten fröhlichen Reiche des Spiels und des Scheins, worin er dem Menschen die Fesseln aller Verhältnisse abnimmt, und ihn von allem, was Zwang heißt, sowohl im physischen als im moralischen entbindet" (Schiller 2009/1795: 121).[4]

Gegen den naheliegenden Vorwurf, er mache damit das Schöne zum „blossen Spiel", setze es „frivolen Gegenständen" gleich (Schiller 2009/1795: 63), wendet Schiller ein:

„Aber was heißt denn ein *bloßes Spiel*, nachdem wir wissen, daß unter allen Zuständen des Menschen gerade das Spiel und *nur* das Spiel es ist, was ihn vollständig macht und seine doppelte Natur auf einmal entfaltet?" (Schiller 2009/1795: 63; Hervorhebungen i.O.).

---

[4] Richard Rorty erinnert an Shelleys These, „die Dichter seien die nicht anerkannten Gesetzgeber der Welt. Sie steht im Einklang mit der Auffassung des Verhältnisses zwischen dem Kognitiven, dem Moralischen und dem Ästhetischen, die Schiller in seinen Briefen *Über die ästhetische Erziehung des Menschen* dargelegt hatte" (Rorty 2008: 196; Hervorhebung i.O.).

Die doppelte Natur[5] des Menschen zwischen Materie/Sinnlichkeit und Geist/Verstand wird im Spiel aufgehoben, gar versöhnt. Erst im Spiel vervollkommnet sich der Mensch. Was die möglichen Kritiker

„nach ihrer Vorstellung der Sache, *Einschränkung* nennen, das nenne ich, nach der meinen, (…), *Erweiterung*. Ich würde also vielmehr umgekehrt sagen: mit dem Angenehmen, mit dem Guten, mit dem Vollkommenen ist es dem Menschen nur ernst, aber mit der Schönheit spielt er" (Schiller 2009/1795: 63; Hervorhebungen i.O.).

Die Vervollkommnung, die Schiller anspricht, ist das Ziel der ästhetischen Erziehung; im 19. Jahrhundert spricht man von Bildung (wie Schiller selbst bereits im 27. Brief vom „Bildungstrieb"). Es geht um das Ideal des Menschen:

„Freilich dürfen wir uns hier nicht an die Spiele erinnern, die in dem wirklichen Leben im Gange sind und die sich gewöhnlich nur auf sehr materielle Gegenstände richten; aber im wirklichen Leben würden wir auch die Schönheit vergebens suchen, von der hier die Rede ist. Die wirklich vorhandene Schönheit ist des wirklich vorhandenen Spieltriebs wert; aber durch das Ideal der Schönheit, welches die Vernunft aufstellt, ist auch ein Ideal des Spieltriebs aufgegeben, das der Mensch in allen seinen Spielen vor Augen hat" (Schiller 2009/1795: 63).

2.2 Verschiedene Weisen des Spieles

Gehen wir für einen Moment darauf ein, wie das Spiel anderswo eingeordnet und erklärt wird. Michael Hutter analysiert „Kunst und Wirtschaft als ernste Spiele" (Hutter 2015: 24).

„Der klassische Ausgangspunkt einer Wertschätzung des Spielgeschehens sind zwar sicherlich Schillers Anmerkungen in seinen Schriften über die ästhetische Erziehung des Menschen (1795), doch eine genauere Ausarbeitung für das Kunstspiel hat Hans-Georg Gadamer 1960 vorgelegt. Angeregt durch Huizingas Arbeiten betont er das Primat des Spieles gegenüber dem Bewusstsein des Spielen-

---

[5] Vgl. auch den 11. Brief über die sinnlich-vernünftige Natur des Menschen.

den: das Spiel wird über den Spielenden Herr. Der Spielende geht im Spielen auf, und ‚nur der Ernst beim Spiel lässt das Spiel ganz Spiel sein. Wer das Spiel nicht ernst nimmt, ist ein Spielverderber" (Gadamer zit. bei Hutter 2015: 24; Gadamer 1986: 108; Huizinga 1956: 34, auch Henaff 2018: 37; zu Kants ‚Spiel' vgl. Seel 2000, 2018).

Caillos nennt als konstitutive Merkmale für Spiele: Wettkampf, Nachahmung, Zufall, Rausch (Caillos 1958: 18). Pfaller redet, in kritischer Reflektion Huizingas (Huizinga 1956), vom Spiel als gesteigerter physischer Intensität, bis zum Exzess – dem ‚heiligen Ernst' Huizingas (Pfaller 2002: 113). Baudrillard präzisiert:

> „Wenn man spielt, wenn es einen Einsatz gibt, dann gibt es Leidenschaft, die weder positiv noch negativ ist, eine Leidenschaft des Kampfes, die sich selber verschwendet. Man spielt, man verliert, man gewinnt, es geht nicht darum voranzuschreiten, man verliert wieder, was man gewonnen hat etc." (Baudrillard 1994: 17). Es sind Spiele, in denen man sich im Spiel verliert. Die Leidenschaft ist die des Spielens, nicht notwendig die des Gewinnens (zum ‚Spiel' allgemein und historisch: Engel 2014).

Bei Karl Marx im Kapital lesen wir: Das Spiel gehört zu den Tätigkeiten, bei denen „die eigentliche menschliche Kraftentwicklung, die sich als Selbstzweck gilt" überhaupt erst „beginnt" (Marx 1964/1867: 828). Das klingt angestrengt (‚Kampf'). Bei Schiller hingegen ist das Spiel leicht, spielerisch. Es fällt auf, dass Schiller gar nicht das Gemeinsame oder das Gegeneinander des Spielens – Karten, Sport etc. – meint, sondern eine auf das Subjekt bezogene spielerische Einstellung zur Welt. Statt auf Materie oder Geist ausgerichtet, ist das Medium des Schiller'schen Spiels die Schönheit – eine ideale Leichtigkeit des Seins.

Schiller hält sein ideales Spiel weit entfernt von den tatsächlichen Spielarten. Die meisten Spiele z.B. wollen Nutzenoptimierung: Einer (Karten) oder eine Gruppe (Fußball) gewinnt. Das Ergebnis scheint bedeutsamer zu sein als das Spielen selbst – „das Wissen der Spieler (und der Zuschauer) um die Tatsache, daß das Spiel ein Spiel ist" (Pfaller 2002: 113) bleibt ignoriert. Solche Wettbewerbsspiele, bei denen einer gewinnt (Priddat 2014), sind nicht Schillers Welt des Spiels.[6] Das Spiel ist für ihn eine Freiheitsmetapher, weder sinnlich noch moralisch determiniertes Handeln – das Einfallstor des Kreativen, selbst zu Bestimmenden. Nur dass es im 18. Jahrhundert nicht so benannt werden kann, sondern sich rechtfertigen muss gegen die Vernunft (Geist) und die Leidenschaft (Sinnlichkeit), um seinen eigenen Aktivitätsmodus zu legitimeren.

Gadamer, auch Hutter, betrachten die ‚Seinsweise' des Spiels als Selbstdarstellung.

> „Am Spiel beteiligen sich die Gestalter von Dichtungen, Musikwerken und Bildern, aber auch die Zuschauer, die sich dem Spiel der Kunst ganz hingeben. So wird der Zuschauer, (…) ein Wesensmoment des Spiels selbst, das wir ästhetisch nennen" (Hutter 2015: 24; bei Gadamer 1986: 131 und 133).

Hierbei wird das ästhetische Moment des Spiels auf die Kunst zurückgenommen; bei Schiller ist das Spiel weitaus umfassender gedacht: in der Idealisierung der Schönheit des Lebens.

2.3 Spiel und Muße

Nun mag Schiller der erste gewesen sein, der das Spiel so anthropologisch hochwertig einsetzte. Stefan Matuschek hat herausgearbeitet, dass Schillers ‚Spiel' ein Mußetheorem ist (generell zur Muße um 1800: Riedl 2011). Also bereits kulturgeschichtlich längst präsent, nur anders formatiert. Dass Schiller den Spieltrieb zwischen dem Stoff- und dem Formtrieb hinzufügte, ist der Versuch, aus der alten metaphysischen Disposition zwischen Materie und Form hinauszugelangen, um weder dem Materialismus noch dem (Form-)Idealismus zu verfallen, sondern zwischen beiden einen beweglichen Operator zu haben, der weder

---

[6] Genauer findet Schiller den olympischen Wettbewerb, den „edlen Wettstreit der Talente", als Vorbild, abstoßend dagegen den „Todeskampf eines erlegten Gladiators", an dem das römische Volk „sich labt" (Schiller 2009/1795: 63-64). Er rät dazu, die Idealgestalten Griechenland aufzusuchen (Schiller 2009: 64).

sinnlicher Willkür noch moralischer Pflicht deterministisch folgt, sondern die Freiheit repräsentiert, eigene Wege/Lösungen zu kreieren.[7] Die Schönheit ist die durch Vernunft formierte Sinnlichkeit: das Ästhetische ist ein vermittelndes Ideal. Das Spiel ist der Handlungsmodus dieses Freiheitsaspektes.

Das Idealische des Spiels markiert Schiller am olympischen Geist der Götter. Die antiken Griechen

> „ließen sowohl den Ernst und die Arbeit, welche die Wangen der Sterblichen furchen, als die niedrige Lust, die das leer Angesicht glättet, aus der Stirne der seligen Götter verschwinden, gaben die ewig Zufriedenen von den Fesseln jedes Zwecks, jeder Pflicht, jeder Sorge frei und machten den Müßiggang und die *Gleichgültigkeit* zum beneideten Lose des Götterstandes: ein bloß menschlicherer Name für das freieste und erhabenste Sein" (Schiller 2009/1795: 65; Hervorhebung i.O.).

Der *Müßiggang* ist das deutsche Wort für *schole/otium*: Muße. Und die *Gleichgültigkeit* ist die *ataraxie*: die Bezeichnung der Epikureer und Pyrrhoneer für das Ideal der Seelenruhe. Sie bezeichnet als seelischen Zustand die Affektlosigkeit und die emotionale Gelassenheit gegenüber Schicksalsschlägen. Ähnlich auch in der Stoa. Schiller geht es um die „Lebenskunst" (neben der „ästhetischen Kunst") (Schiller 2009/1795: 64).

> „Sowohl der materielle Zwang der Naturgesetze als der geistige Zwang der Sittengesetze verlor sich in ihrem höheren Begriff von Notwendigkeit, der beide Welten zugleich umfaßte, und aus der Einheit jener beiden Notwendigkeiten ging ihnen erst die wahre Freiheit hervor" (Schiller 2009/1795: 64).

Zur „wahren Freiheit" gibt Schiller uns zum Schluss des 15. Briefes ein Bild: Angesichts der Statue der Juno Ludovisi „befinden wir uns in dem Zustand der höchsten Ruhe und der höchsten Bewegung, und es entsteht jene wunderbare Rührung, für welche der Verstand keinen Be-

---

[7] „So finden wir in Schillers ästhetischer Theorie bereits in rudimentärer Form eine Vorstellung von der produktiven Kraft der ästhetischen Imagination als dynamische Schwingung" (Gray 2008: 74; Übersetzung B.P.).

griff und die Sprache keinen Namen hat" (Schiller 2009/1795: 65). Die Freiheit ist zum einen die Freiheit von den Zwängen der Sinnlichkeiten und der Moral, zum anderen aber der gelassenen Erwartungen der Geschehnisse der Welt, die man spielerisch angehen wird. Probend, fallen lassend, ergreifend, keiner Determination unterworfen. Die neue, höhere Notwendigkeit ist die der wahren Freiheit (nur mehr spielerisch noch der Freiheit unterworfen zu sein: sorglos weltprobierend).

2.4 Die Mußekonzeption bei Schiller

Über die Analogie der aristotelischen Muße und Schillers Müßiggang (Matuschek 2017: 232ff.) lässt sich schnell Einigung erzielen, aber Schillers Interpretationen sind doch eigner Natur.

„Denn das Ideal des ästhetischen Spiels (wie auch schon seine Inspiration, Kants Konzept eines ‚freien Spiels', von Einbildungskraft und Verstand, das in der Kritik der Urteilskraft die Wahrnehmung des Schönen definiert) entspricht in entscheidender Hinsicht dem Aristotelischen Muße-Begriff" (Matuschek 2017: 233).[8]

Vom philosophischen Ideal des antiken Muße-Denkens ist Schiller weit entfernt, aber an einem Punkt deckt es sich: in der „betrachtenden Tätigkeit" (vgl. auch Schiller 2009/1795: 25. Brief). Wenn die Aristotelische Muße eine Tätigkeit des Geistes ist: Theorie als selbstzweckhafte Reflexion (*bios theoretikos*), geht es Schiller vielmehr darum,

---

[8] Das eingeschobene Kant-Zitat aus: Kant 1983: 132 (§9). Genauer zur Verwendung des Kant'schen Spiel-Begriffs bei Schiller: Matuschek 2009: 184-185 und 2017: 238-242 „Systematisch erweitert Schiller Kants Konzept des freien Spiels von Einbildungskraft und Verstand im § 9 der Kritik der Urteilskraft, das das Urteil vom Schönen wesentlich bestimmt, zu einem Spiel aller Kräfte des Menschen" (Waibel 2013: 14; auch Sdun 2009). Genauer: „In der physischen Beschaffenheit des Menschen ist der Sinn vorherrschend, in der logischen Beschaffenheit das Denken, in der moralischen Beschaffenheit der Wille. Schließlich stehen in der ästhetischen Beschaffenheit alle Kräfte in Harmonie zueinander. Offenkundig benutzt Schiller den Terminus des Ästhetischen anders als Kant, für den damit die Sinnlichkeit angesprochen ist" (Waibel 2013: 11). Auch Mollowitz 2008.

vor dem Schönen zu sich selbst zu gelangen. Er bleibt damit im Kreis der kantischen kategorialen Bestimmung des Schönen als Schönes, als „interesselose Belebung der menschlichen Erkenntniskräfte. Schiller selbst nennt es das ‚Ideal ästhetischer Reinigkeit' (Schiller 2009: Brief 22: 89)" (Matuschek 2017: 234).

Schillers Spiel bezeugt ein Glückmoment, *wo der Mensch ganz Mensch ist* (bei sich, in sich ruht, in hoher Gelassenheit (vgl. zur Gelassenheit Strässle 2013)), aber das „hat keinen Ort in der Lebenswirklichkeit. Schiller erneuert damit zwar das antike Muße-Ideal, doch so, dass es keine reale Verhaltensoption mehr ist, sondern eine philosophische Idee des rein Ästhetischen" (Matuschek 2017: 235). Im 9. Brief, in dem Schiller seine Theorie des Künstlers darbietet (vgl. auch Miklos 2016: 122-128.), schreibt er vom Künstler:

> „er aber strebe, aus dem Bunde des Möglichen mit dem Notwendigen, das Ideal zu erzeugen. Dieses präge er aus in Täuschung und Wahrheit, präge es in die Spiele seiner Einbildungskraft, und in den Ernst seiner Taten, präge es aus in allen sinnlichen und geistigen Formen und werfe es schweigend in die unendliche Zeit" (Schiller 2009/1795: 36-37).

Dem

> „dieses Ideal in der Seele glüht, wurde die *schöpferische Ruhe* und der *große geduldige Sinn* verliehen, es in den verschwiegenen Stein einzudrücken, oder in das nüchterne Wort auszugießen, und den treuen Händen der Zeit zu vertrauen" (Schiller 2009/1795: 37; Hervorhebung B.P.).

„Die schöpferische Ruhe" ist die für die künstlerische Arbeit nötige Muße, „der große geduldige Sinn" ein anderer Ausdruck für die *Gleichgültigkeit/Gelassenheit*, die Schillers Muße-Konzeption dann im 15. Brief verallgemeinert. Der ganze 9. Brief dient der Aufforderung an den Künstler, ernst seiner Idee zu folgen, auch wenn die Gesellschaft sie noch nicht versteht. Nicht über die Vernunft, sondern über die Ästhetik erst erreicht man das Herz der Anderen – das ist der Sinn der ‚ästhetischen Erziehung': einer Zivilisationspädagogik. Die Erziehung wird nur dort fruchten, wo sie die Menschen erreicht. „Der Ernst deiner Grundsätze", ruft er dem Künstler zu, „wird sie von dir scheuchen, aber

38   Kapitel 2

im Spiele ertragen sie es noch" (Schiller 2009/1795: 38). Das „Reich
des Spiels" ist die Arena, in der die „Ausbildung der Menschheit"
(Schiller 2009/1795: 39) vonstattengehen kann. Der gegenwärtigen
Menschen „Maximen wirst du umsonst bestürmen, ihre Taten umsonst
verdammen, aber an ihrem *Müßiggange* kannst du deine bildende Hand
versuchen" (Schiller 2009/1795: 38; Hervorhebung B.P.).[9]
Hier wird der Müßiggang als jene freie Zeit eingeführt, die – frei
von Zwängen – überhaupt erst die Disposition für die Wahrnehmung
des Schönen öffnet (vgl. den 26. und den 27. Brief), die der „Freiheit
erst die Entstehung gibt" (Schiller 2009/1795: 108 (26. Brief)).[10]
So wenig Schiller die Muße praktisch denkt, so ist sie als das
ästhetische Spiel eine *conditio humana*, die die sinnlich-geistige Dop-
pelnatur des Menschen nicht nur erfasst, sondern entfaltet. „Sie soll
sich im ästhetischen Spiel zwanglos, harmonisch erfahren lassen – aber
ohne dass etwas Bestimmtes dabei wahrgenommen oder gedacht
würde" (Matuschek 2017: 240) (in ganzem Kontrast zur Aristotelischen
Muße (auch Borchmeyer 1984: 126)). So ist das ästhetische Spiel „die
verwandelte Fortsetzung des Muße-Ideals in einer vom Arbeitsethos
geprägten Gesellschaft. Es sucht eine freie, im Selbstbezug glücklich
machende Alternative zur Arbeitswelt, findet aber dafür keinen realen
Ort" (Matuschek 2017: 241). Schiller erneuert zwar das antike Muße-
ideal, aber doch so, „dass es keine reale Verhaltensoption mehr ist,
sondern eine philosophische Idee des rein Ästhetischen" (Matuschek
2017: 235).[11]

[9] Die Aufgabe des Künstlers – „Verjage die Willkür, die Frivolität, die Rohig-
keit aus ihren Vergnügungen, so wirst du sie unvermerkt auch aus ihren
Handlungen, endlich aus ihren Gesinnungen verbannen. Wo du sie findest,
umgib sie mit edlen, mit großen, mit geistreichen Formen, schließe sie rings-
um mit den Symbolen des Vortrefflichen ein, bis der Schein die Wirklichkeit
und die Kunst die Natur überwindet" (Schiller 2009/1795: 38).

[10] Die freie Zeit, die die Muße erfordert, ist die „Zeit in der Zeit", die notwendig ist, um aus der laufenden Zeit und ihren Zwängen auszusteigen (vgl.
Fn. 26).

[11] Die Wirkungen der Schiller'schen Spiel-Theorie, den ‚ästhetischen Staat'
des Spiels in Schönheit, finden wir bei Goethe wieder, in seinem Festspiel
Pandora: „Die ästhetische Erfahrung, die im dionysischen Fest kulminiert, die
Emergenz von Muße, die der Mensch nicht aktiv herbeiführen, sondern als

„Schillers Ästhetik transformiert das Glücksversprechen der antiken Muße für eine Zeit und eine Gesellschaft, die in der Muße keinen Wert mehr sehen, weil sie alles wertvolle Tun als Arbeit konzipieren. Die Unklarheit und Ortlosigkeit sind dabei kein bloßer Nachteil, sondern eröffnen die Möglichkeit, das eigentlich nicht mehr Vorstellbare sich dennoch vorzustellen: ein freies als glückmachendes Tun, das aber eigentlich kein Tun ist. Genau das ist das Spiel der Schönheit" (Matuschek, 2017: 38).[12]

göttliches Geschenk gelassen empfangen kann, vermag den Gegensatz von Arbeit und Kontemplation auf höherer Ebene aufzuheben. Diese Aufhebung binärer Lebensformen geht nicht in die seit Spätantike und Mittelalter entwickelte Vorstellung einer *vita mixta* und ihren ganz unterschiedlichen Ausprägungen des jeweiligen Verhältnisses von Lebenspraxis und Kontemplation über, seien sie nun hierarchisierend gedacht, seien sie als sukzessiv oder verschränkend begriffen. Bei Goethe mündet sie eher, auf übergeordneter Ebene, in ein Reich des Spiels, in dem sich das ethisch-ästhetische Humanitätsideal in der Sphäre der Kunst erfüllt" (Riedl 2017: 259). Zur Muße bei Goethe allgemeiner Riedl 2014a. „In der Szene ‚Wald und Höhle' erfährt Faust die Natur im Muße-Modus des Verweilens als ästhetischen Raum, in dem ihm zumindest die Möglichkeit einer anderen, nicht durch Rast- und Ruhelosigkeit geprägten Weltbeziehung bewusst wird. Rast- und Ruhelosigkeit stehen dem gegenüber – nicht nur in Goethes *Faust*-Dichtungen – für die Destruktivität einer Welt ohne Muße" (Riedl 2014a: 75-76).

[12] „So ist das ästhetische Spiel die verwandelte Fortsetzung des Muße-Ideals in einer vom Arbeitsethos geprägten Gesellschaft. Es sucht eine freie, im Selbstbezug glücklich machende Alternative zur Arbeitswelt, findet dafür aber keinen realen Ort. So wird es zur Verheißung der Kunst, einer ganz eigenen Wirksamkeit der Kunst, die sich jedoch nirgendwo anders als auf der spekulativen Ebene transzendentalphilosophischer Bewusstseinsmodellierung ereignet" (Matuschek 2017: 241). Schillers Kunst-Verständnis der Muße passt dann ins bürgerliche Selbstverständnis des 19. Jahrhunderts. Daran erst wurden die ‚Briefe zur ästhetischen Erziehung' wahr- und aufgenommen. In Kap. 1 hatten wir geschrieben: Was für das Geschäft ‚harte' und vor allem ‚durchgehende' Arbeit war, wird auf der anderen Seite der bürgerlichen Medaille zum ‚comfort', zur Bequemlichkeit des eigenen Heims, das nicht nur nützliche Annehmlichkeiten (‚conveniences') bietet, sondern auch freie oder Mußezeit, die der Bildung reserviert ist. „Zeit und Muße" sind unerlässliche Voraussetzungen, „damit bürgerliche Kultur mit ihren Elementen des Spiels, der Stilisierung und der Reflexion möglich wird (…) [Zu den] sozialen und

Gianni Vattimo macht darauf aufmerksam, dass im Griechischen *kalon* und *theoria* zusammengehören.

> „Die *theoria* ist aber, nach dem ältesten Sprachgebrauch der Griechen, keine begrifflich formalisierte Konstruktion, die eine ‚objektivierende' Trennung zwischen Subjekt und Objekt beinhaltet, sondern sie ist die Teilhabe am Umzug des Gottes, Teilhabe, in der die *Gianni* außerdem die Vertretung der Delegierten ihrer Polis übernehmen, ein teilhabendes Beobachten also und in gewisser Weise eher dem Objekt zugehörend als es besitzend; und *kalon* seinerseits ‚meinte nicht nur die Schöpfungen der Kunst und des Kults, (…) sondern umfaßt all das, worin man sich fraglos versteht, da es wünschbar ist, ohne eine Rechtfertigung seiner Wünschbarkeit unter Gesichtspunkten der Zweckmäßigkeit fähig oder bedürftig zu sein. Das nannten die Griechen *Theoria*: Weggeben-Sein an etwas, das sich in seiner überwältigende Präsenz allen gemeinsam darbietet (…)' " (Vattimo 1990: 143; das Zitat von Gadamer (1976: 64); Hervorhebungen i.O.).

Das „Spiel der Schönheit", in dem sich Form- und Stofftrieb im Spieltrieb aufheben, ist mußetheoretisch jenes *kalon* (Schönheit), das allen als so verstandene *theoria* zugänglich ist, jenseits von Sinnlichkeit und Vernunft. Schiller deutet diesen alten Topos neu (vgl. genauer den Abschnitt ‚der ästhetische Staat').

2.5 Schöner Schein: Höflichkeit als Spiel

Doch hat das Spiel bei Schiller noch eine ganz andere Konnotation.

> „Das Konzept des ästhetischen Spiels ist der verwandelte Fortbestand der Muße in einer Zeit, der die Muße aus moralischen Gründen suspekt geworden ist. Es nimmt deren Freiheits- und Glücksversprechen auf, macht es aber lebenspraktisch virtuell. Weil es die reale Situation der Muße nicht favorisieren will. Und es kommt ein zweites Problem hinzu: denn neben der Muße hat der Ausdruck ‚Spiel' bei Schiller noch ein zweite Bedeutung, die er selbst als ‚aufrichtigen

ökonomischen Bedingungen (…) bürgerlicher Lebensführung und Werte (…) gehören ein stetiges Einkommen deutlich über dem Existenzminimum" (Kocka 1988: 31).

Schein' (Schiller 2009: Brief 26, 112) bezeichnet. Es geht um den Schein, den man bewusst als solchen wahrnimmt und nicht mit der Realität verwechselt. Das Adjektiv ‚aufrichtig' zeigt das passend an, bringt allerdings eine moralische Konnotation hinzu, die in Schillers Perspektive freilich zur Strategie gehört, denn es geht ihm ja insgesamt darum, die Ästhetik zur Ethik zu verlängern, von der Schönheit zur Freiheit den Weg zu nehmen, wie er sagt. (…) Die Semantik vom ‚Spiel' ist vage genug, beide zu integrieren: Spiel kann die freie, keinem äußeren Zwang dienliche, selbsterfüllende Tätigkeit meinen und darin mit der Muße übereinkommen; und es kann, gängig im kindlichen oder theatralischen Spiel, das So-tun-als ob und damit den (bewussten) Schein bedeuten" (Matuschek 2009: 231).[13]

Bei Schiller ist die zweite Bedeutung höher gewichtet, dort wo Schiller das Spiel als eine Theorie „schönen Umgangs" (Schiller 2009/1795: 112 (27. Brief)) definiert, und zwar im Sinne konventioneller Formen der Höflichkeit (was im 18. Jahrhundert noch höfischer als heute gedacht war; Schillers spricht von dem „schönen Ton in der Nähe des Throns" (Schiller 2009/1795: 124)). In der letzten Fußnote des Buches spricht Schiller – als Quintessenz auf die Frage nach dem Ort des ‚ästhetischen Staates' – von einer „eigenen schönen Natur des Betragens" (Schiller 2009/1795: 124, Fn. 22; in diesem Text vgl. Fn. 18). Stefan Matuschek sieht darin

„etwas Kühnes (…) wenn nicht atemberaubendes Paradoxes, kurz nach der französischen Revolution deren Ziel einer republikanischen Freiheit dadurch besser und zuverlässiger erreichen zu wollen, dass man an die höfischen Umgangsformen erinnert" (Matuschek 2017: 231).

Er hält

„Schillers Freiheitstheorie der Höflichkeit für eine geniale Einsicht. Konventionen, nach denen wir uns respektvoll begegnen, auch wenn wir uns gegenseitig gleichgültig sind oder geringschätzen, nach denen wir unser Zusammensein temperieren (…): Diese Konventio-

---

[13] Dass die Muße in einer Zeit, in der die Arbeit geadelt wird, als Sittenlosigkeit und Dekadenz, nicht praktisch, nur ideal positioniert werden kann, vgl. Matuschek 2017: 235-238.

nen verschaffen jedem einzelnen und damit der Gemeinschaft Freiheit gerade dann, wenn wir alle Konventionen als ein gemeinsames
So-tun-als ob, als einen schönen Schein, als ein Spiel verstehe. Nicht
fortwährende Authentzitätszumutung, sondern im Gegenteil die kon-
ventionellen Umgangsformen haben ein Freiheitspotenzial, das ge-
meinschaftsstiftend wirken kann: Es ist eine solche Freiheit, die die
Freiheit der anderen mitdenkt und nicht in der egoistischen Freiheit
des Spontanität- und Authentizitätsverlangens riskiert." (Matuschek
2017: 231-232; vgl. auch Sandkaulen 2005).

Der „schöne Umgang" im höfischen Betragen als Quintessenz der
ästhetischen Erziehung? Auch hier trägt der Müßiggang das Konzept:
man braucht freie Zeit des spielerischen Umganges, um die Höflichkeit
auszuüben, die allen rohen Interessen und Durchsetzungsmachtspielen
abhold ist.

An anderer Stelle – nur einmal – deutet Schiller es als Utopie an: Er
sinniert darüber, ob ein „späteres Geschlecht in einem seligen Müßiggange (…) den freien Wuchs seiner Menschheit entwickeln könne"
(Schiller 2009/1795: 29-30 (6. Brief)).

Ein anderer Denker des 19. Jahrhunderts wird diese Utopie als eine
konkret gedachte Mußegesellschaft reanimieren: den Kommunismus
(vgl. Kap. 3 und den Anfang von Kap. 5 in diesem Band).

2.6 Der ‚ästhetische Staat'

Er steht ganz in den vielfältigen Erörterungen der Philosophie um 1800,
was die Frage des Staates angeht zwischen Vervollkommnung des
Menschen und seiner Spontanität bzw. Freiheit (über die Entwicklung
dieser Relation von Leibnitz, Wolff, Kant und Fichte vgl. Moggach
2018). Schiller steht ganz auf der Seite der Freiheit: als Professor in
Jena in engen Diskussionen mit Wilhelm von Humboldt, Karl von
Dahlberg und Johann Gottlieb Fichte, und er ermutigt Humboldt, seine
berühmte Schrift, die ‚Grenzen der Wirksamkeit des Staates zu bestimmen' (Humboldt 1903) zu publizieren (Moggach 2018: 93; auch
wenn er Humboldts Konklusionen nicht teilt). Es geht nicht mehr um
die staatlich veranlasste Glückseligkeit der Untertanen (im Wolff'schen
kameralistischen Duktus (vgl. Meineke/Priddat 2018)), sondern um die

freie Selbstbestimmung der Bürger. Schiller hat keine eigensinnige Konzeption entwickelt, sondern steht im Diskurs der Zeit, auch wenn er nicht, ähnlich wie Fichte, zu den prägenden Theorien gehörte (zu Fichte vgl. Hoffmann 2018; auch Ort 2013: 95-96; pointiert anders, Schiller heraushebend: Moggach 2016: 83-86).

Douglas Moggach weist hin auf

„die politischen Implikationen von Schillers ‚ästhetischer Erziehung‘. Schillers Denken war oft eine Darstellung der Flucht aus den gegenwärtigen Bedingungen von Revolution und Krieg, aber seine Ästhetik war eng mit seiner Einschätzung der politischen Emanzipation verbunden und sie trugen zu einer neuen Art republikanischem Denken bei. Während die Republikaner des frühen 18. Jahrhunderts voraussetzten oder versuchten, dies als homogenes Interesse durchzusetzen, erkennt Schiller die moderne Vielfalt an, die sich aus neuen Beziehungen in der Gesellschaft und der Arbeitsteilung ergibt. Er plädiert für eine Politik der gegenseitigen Anerkennung, die mit moderner Individualität und ihren differenzierten Formen kompatibel ist. Sein ästhetischer Anspruch ist es, Harmonie durch wechselseitige Interaktion (reciprocal interaction) und gegenseitige Anpassung (mutual adjustment) zu erreichen, ohne Uniformität zu erzeugen oder Spontaneität zu unterdrücken" (Moggach 2007: 520; Übersetzung von B. P.; vgl. auch Moggach 2016: 83).

Das ist, so folgert Moggach, eine Innovation des republikanischen Denkens: „a programme of self-formation, which is highly politically charged" (Moggach 2007: 541). Moggach nennt dieses Programm Schillers konsequent einen „aesthetic republicanism" (Moggach 2007; auch 2016).[14]

---

[14] „Die Begriffe der Spontanität und Bestimmbarkeit sowie die Unterscheidungen zwischen Glückseligkeit, Recht und Tugenden bilden die Pfeiler, auf denen das nachkantische politische Denken errichtet wird. Zu den wichtigsten Veränderungen gehören die zunehmende Politisierung des Autonomiebegriffs, die auch eine Umgestaltung von Kants Unterscheidung zwischen Tugenden und Recht beinhaltet, sowie die Ästhetisierung von Bestimmbarkeit, die wahrgenommene Probleme im Verhältnis von Wohlfahrt und Recht lösen soll. Diese Schwierigkeiten, so wird angenommen, lassen sich durch eine ästhetische Fassung des modernen Selbst lösen, die bei Schiller das Schöne (…) rekurriert. Schönheit verlangt, dass sich Individuen aneinander harmo-

„In Schillers Briefen *Ueber die ästhetische Erziehung des Menschen* ist jedenfalls die konkrete historische Krise, ausgelöst durch Revolution und Revolutionskriege, gleichsam der Subtext eines ethischästhetischen Kunstenthusiasmus, der sich gegenüber allen gesellschaftlichen und politischen Zwangsmechanismen der Moderne emanzipatorisch Freiräume zu erkämpfen sucht – eben jene Spielräume, in denen die, mit Reinhard Koselleck gesprochen, ‚Verzeitlichung der Geschichte' gleichsam simulierend suspendiert, die, so Schiller, ‚Zeit in der Zeit' aufgehoben wird. Schillers universelle Bildungsidee kann man durchaus (…) als eine ästhetische Erfahrung beschreiben, die auf einer selbstgenügsamen Wahrnehmung, einer zweckfreien Kontemplation in Muße (…) beruht. Die ästhetische Erfahrung in Muße ist ein Kind der Krise und zugleich ein Spielraum für die Bewältigung der Krise" (Riedl 2014a: 91; Hervorhebung i.O.).[15]

nisch anpassen und nicht als Träger von Rechten prozessfreudig entgegenstellen. Die Möglichkeiten eines solchen harmonischen Miteinander beruht auf einer ästhetischen Erziehung, die eher Anpassungsfähigkeit als Sturheit fördert, wenn es darum geht, die eigenen Interessen zu verfolgen" (Moggach 2016: 83).

Als Symbol der „republikanischen Freiheit ist das Schöne (…) eine selbstgeleitete Bewegung, in der die gegenseitige Vereinbarkeit der Element durch deren eigens zusammenwirken aufrechterhalten wird. Die Einheit von Einheit und Vielfalt ergibt sich aus harmonischer Übereinstimmung, gegenseitige Anerkenntnis und wechselweisem Einverständnis. Indem wir die Freiheit anderer respektieren, regen wir sie unter dem Einfluss ästhetischer Erziehung dazu an, sich umgekehrt zu einer Beschränkung ihrer eigenen Freiheit zu verpflichten. Eben diese freiwillige wechselseitige Anerkennung und Anpassung wird das Wesen des republikanischen Staates ausmachen" (Moggach 2016: 85-86).

[15] Das ‚Zeit in der Zeit'-Zitat steht in folgender Passage: „Der sinnliche Trieb will, daß Veränderung sei, daß die Zeit einen Inhalt habe; der Formtrieb will, daß die Zeit aufgehoben, daß keine Veränderung sei. Derjenige Trieb also, in welchem beide verbunden wirken (es sei mir einstweilen, bis ich diese Benennung gerechtfertigt haben werde, vergönnt, ihn *Spieltrieb* zu nennen), der Spieltrieb also würde dahin gerichtet sein, die Zeit *in der Zeit* aufzuheben, Werden mit absolutem Sein, Veränderung mit Identität zu vereinbaren" (Schiller 2009/1795: 14. Brief: 58; Hervorhebungen i.O.). Die Synthese im Spiel vermittelt Sinnlichkeit und Form, mithin Leben und Gestalt als ‚lebende

An der Französischen Revolution stellt Schiller fest, dass die Menschen der politischen Freiheit noch nicht gewachsen sind; „der freigebige Augenblick' findet ein unempfängliches Geschlecht" vor. „Die Menschen in ihrer Masse sind der äußeren Freiheit, die sie sich erobert haben, innerlich noch nicht gewachsen" (Safranski 2016: 410). Die Gesellschaft muss zuvörderst zur Freiheit erzogen werden. In dem Sinne ist die „Schönheit unsere zweite Schöpferin" (Schiller 2009/ 1795: 21. (87. Brief); vgl. insbesondere Waibel 2013:).

„Seit Georg Lukacs ist zu Recht immer wieder bemerkt worden, die ästhetische Erziehung sei der Versuch, das aufklärerische Ziel der Revolution ‚ohne Revolution zu verwirklichen, die Revolution also überflüssig zu machen'. (...) Der Irrtum der Französischen Revolution bestand nach Schillers Überzeugung darin (...), daß sie den theoretischen Entwurf einer nach reinen Vernunftprinzipien organisierten politischen Ordnung unvermittelt, unbekümmert um die sinnliche Natur des Menschen in die Tat umzusetzen unternahm" (Borchmeyer 1984: 127-128; Zitat aus Lukacs 1954: 16).

„An die Stelle des gewaltsamen Umsturzes tritt die evolutionäre Überwindung des bisherigen Staates, der so lange äußerlich bestehen bleibt, bis die ästhetische Erziehung die Gesellschaft soweit geführt hat, daß er als bloße Schale wie von selbst von ihr abfällt und den Blick auf den Vernunftstaat freigibt, der sich gleichsam unter dieser Schale gebildet hat" (Borchmeyer 1984: 132).[16]

Gestalt', „die sich als Schönheit manifestiert" (Waibel 2013: 6; vgl. auch Deligiorgi 2011). Die Zeit, die die Zeit in sich aufheben lassen kann, ist – wir hatten es oben bereits analysiert – die Zeit der Muße.

[16] Schillers Telos der ästhetischen Erziehung entwickelt sich in der Reihenfolge der Briefe. Das „Reich des Spiels" bildet den „ästhetischen Staat" zwischen den beiden auf Zwang gesetzten Staaten: dem „dynamischen Staat" der physischen Kräfte und dem „ethischen Staat" der Gesetze und Pflichten" (Schiller 2009/1795: 27. Brief). „Diese beiden Staaten sind nicht mehr zu vergleichen mit dem Natur- und dem Vernunftstaat der ersten Briefe. Der letztere sollte eben kein Reich des ‚Zwangs' sein, sondern das ideale Gemeinwesen der Freiheit und Menschenrechte, das alle Liberalen ersehen. Die ästhetische Erziehung war der Weg, der zu diesem Staat hinführen sollte, nun aber ist aus dem Weg das Ziel geworden. Das Ästhetische wird selber zum ‚Staat', auf den die Bestimmungen übertragen werden, welche ursprünglich

Die Briefe sind ein *work in progress*, das seine Widersprüche nicht gänzlich aufhoben hat. In den Briefen

> „überschneiden sich zwei ästhetische Tendenzen: Eine Ästhetik der Befreiung (in diesem Sinne hatte Herbert Marcuse Schillers Kunstphilosophie aufgefaßt), welche trotz ihres notwendigen realpolitischen Desengagements auf eine Veränderung der politischen Wirklichkeit zielt, und ein ästhetische Kultur, welche der bestehen eine bessere Welt entgegensetzt, die Ersatz bietet für die in der politischen Wirklichkeit nicht erfüllten (...) Erwartungen: der ästhetische Staat befreit von den ‚Fesseln der Leibeigenschaft', macht jeden zum ‚freien Bürger', erfüllt das ‚Ideal der Gleichheit' und versöhnt das Individuum mit der Gattung" (Borchmeyer 1984: 137).

In Anspielung auf Schillers Rousseau-Verständnis lesen wir bei Matuschek:

> „Der ästhetische Gemeinsinn soll als Trainingsprogramm für die gewaltlose Herbeiführung des politischen Allgemeinwillens dienen. Der ästhetische Gemeinsinn (wie Matuschek Schillers ‚ästhetischen Staat' nennt; B.P.) ist dabei sowohl mit der Erfahrung der schönen Künste als auch mit dem schönen Umgang, mit Höflichkeit und edlem Benehmen verbunden. Das ist Schillers Antwort auf den Gewaltausbruch der Französischen Revolution. Statt einer Revolution der politischen Entscheidungs- und Machtstrukturen soll es eine Revolution des Empfindens geben (‚eine totale Revolution in der ganzen Empfindungsweise', heißt es am Anfang des 27. Briefes), eine innere Revolution also, die die äußerliche entbehrlich macht" (Matuschek 2009: 220-221).

dem erstrebten Vernunftstaat zukamen" (Borchmeyer 1984: 137; auch Matuschek 2009: 291-292). Die Bezeichnung ‚Staat' ist nur noch metaphorisch zu sehen.

Modern wird dieses Konzept von Michael Stahl weiter verfolgt. „Mit Schiller und dem deutschen Idealismus um 1800 knüpft er an die Vorstellung einer ‚ästhetischen Erziehung des Menschen' zur Freiheit an. Das Diktum, nach dem inneren Haltung nur durch die Auseinandersetzung mit dem Schönen zu gewinnen sei, wird bei ihm ergänzt um die romantische Idealvorstellung einer (...) schöpferischen Restauration von Vergangenheit" (Strauss 2018; vgl. Stahl 2018). Die Restauration von Vergangenheit bezieht sich auf die antike Politik.

Erst die Kunst macht „den Menschen zum Menschen, zum Wesen, das eine Welt hat" (Miklos 2016: 126). So macht das Spiel der Erscheinungen, der Kunst erst den Menschen, wie der zentrale Topos im 15. Brief lautet. „Die wahre Geschichte des Menschen ist die Schöpfungsgeschichte einer neuen, einer anderen und erträglicheren Wirklichkeit, einer Welt mittels der Kunst" (Miklos 2016: 126[17]).[18]

„Die autonome Kunst", konkludiert Rüdiger Safranski Schillers ‚ästhetische Erziehung',

> „ist gerade als moralisch entlastete zutiefst moralisch: denn sie ermöglicht jene geistige Beweglichkeit und Sensibilität. Die dann auch der freien Sittlichkeit zugute kommen soll. Es ist die Schönheit, durch die man *zu der Freiheit* wandert. Das freie Spiel des Denkens, der Einbildungskraft und der Empfindungen heilt, so Schillers Idee, die Wunden, welche die fragmentiert Arbeitsteilung, die Fühllosigkeit der bloß *theoretischen Kultur* (heute würden wir sagen: Wissensgesellschaft) und die dumpfe Welt der entfesselten *tierischen Bedürfnisse* dem Menschen in der Moderne zufügt. Das künstlerische Spiel erlaubt es ihm, die zersplitterten Kräfte zu sammeln und etwas Ganzes, eine Totalität im Kleinen zu werden, wenn auch nur im befristeten Augenblick und im begrenzten Bereich des Kunstschönen. Im Genuss des Schönen erlebt er den Vorgeschmack einer Fülle, die im praktischen Leben und in der geschichtlichen Welt noch aussteht. Er gibt sich nicht zufrieden, sein Erwartungshorizont ist weit, er kapituliert nicht vor dem sogenannten Realitätsprinzip" (Safranski 2016: 417; Hervorhebungen i.O.).

---

[17] Vgl. auch Violetta Waibels „Schönheit als zweite Schöpferin des Menschen" (Waibel 2013).

[18] Existiert ein ‚ästhetischer Staat' – „ein solcher Staat des schönen Scheins, und wo ist er zu finden? Dem Bedürfnis nach existiert er in jeder feingestimmten Seele, der Tat nach möchte man ihn wohl nur, wie die reine Kirche oder die reine Republik in einigen wenigen auserlesenen Zirkeln finden, wo nicht die geistlose Nachahmung fremder Sitten, sondern eigene schöne Natur das Betragen lenkt, wo der Mensch durch die verwickelten Verhältnisse mit kühner Einfalt und ruhiger Unschuld geht, und weder nötig hat, fremde Freiheit zu kränken, um die seinige zu behaupten, noch seien würde wegzuwerfen, um Anmut zu zeigen" (Schiller 2009/1795: 124, Fn. 22 – Schluss seines Buches).

2.7 Ästhetische Ökonomie als moderner Anschluss an Schiller?

Vielleicht ist Safranskis *summary* zu modern angelegt – man kann ganz überrascht sein, wie viele Momente der Schiller'schen Konzeption auch eine heutige Kulturkritik noch tragen (vgl. Noetzel 2006) –, denn sicher ist nur, dass Schiller eine Kritik der Aufklärung und ihres Vernunftanspruches vorträgt, die im deutschen Idealismus[19] und bei den Romantikern auf fruchtbaren Boden gefallen war. Es ist eine Konzeption des nicht einfachen Erringens bürgerlichen Selbstbewusstseins, für seine Zeit leitbildhaft. Aber Safranski hat Recht, wenn er Schiller in moderne Interpretationskontexte stellt, um den Kontrast schärfer herauszuheben. Denn das Spiel, das Schiller noch als in die erhabene Schönheit führend ansah, ist heute zu einer trivialen Allgemeinheit geworden. Das Fernsehen lädt in die Sphäre des Scheins, aber nicht mehr in die des schönen Scheins. Alles Lebenswelten werden spielerisch durchsetzt, aber im Sinne des Spielertypus, der nichts ernst nimmt etc. (Safranski 2016: 417; aber auch Engel 2014: 278-283 ‚Ludifizierung'). Safranski wiederholt nur gängige Kulturkritik, kann sie aber mit Schillers Intentionen kontrastieren; Schiller Utopie des ‚ästhetischen Staats' zerfällt. Wie aber mag man sich auch einbilden, einer Theorie von 1795 heute noch Geltung zuzusprechen? Wenn das Spiel allgemein geworden ist[20], aber

---

[19] In seinen Vorlesungen über die Ästhetik lobt Hegel Schiller dafür, „die Kantische Subjektivität und Abstraktion des Denkens durchbrochen und den Versuch gewagt zu haben, über sie hinaus die Einheit und Versöhnung denkend als das Wahre zu fassen und künstlerisch zu verwirklichen" (Hegel 1986: 89). Bei Schiller sei das Schöne als die „Ineinsbildung des Vernünftigen und Schönen" erkannt und diese „Ineinsbildung als das wahrhaft Wirkliche ausgesprochen" (Hegel 1986: 91). Vgl. auch Meier 2015.

[20] Wir haben es heute mit Spiel-Formaten zu tun, die gesellschaftlich allgemein geworden sind: Computer-Spiele, die noch stärkere Verbreitung finden, wenn sie als Apps auf Smartphones gespielt werden können, denn dann kann man überall und jederzeit spielen. Das neue Spiel ‚Apex Legends' hat innerhalb einer Woche 25 Millionen Spieler gewonnen; der vorlaufende Konkurrent ‚Fortnite' hat bereits 125 Millionen Spieler, die der Firma 223 Millionen Dollar Umsatz bringen pro Monat für den Kauf spezieller Spielerfiguren, Waffen etc. Das Spiel selber ist kostenfrei (Jansen 2019). Neben den passiven Zuschauer-Spielen (Sport etc.) sind diese proaktiven Mitspiel-Spiele die

entkoppelt von den Kulturationsideen, wird dann Schiller Konzept der ‚ästhetischen Erziehung' nicht stärker noch als je zuvor zu einer Utopie? Was würde heute die Menschen Sinnlichkeit und Vernunft synthetisieren lassen? Oder, hypermoderner gesagt: Emotionen, Affekte und Kognition? Die hypermoderne Identität ist ein Person/Produkt-Hybrid. Nur über die ständige Lieferung von *life-style-models* können wir die Dynamik bewältigen. Wir müssen sie nicht mehr kognitiv (oder gar reflektiv) verarbeiten, sondern bekommen über die moderne Wirtschaft Güter/ Bedeutungs-Arrangements geliefert, die zu kaufen affektiv ausreicht, „um uns zu transformieren" (Arias-Maldonado 2017). Der solchermaßen außengesteuerten hybriden Identität fehlt die klassische Innensteuerung (der Charakter, die Persönlichkeit), was sich als Sorge und als Stress äußert, nicht „vollständig identisch" zu sein bzw. „sich nicht zu erfüllen", was man als Mangel spürt. Aus diesem Grund haben wir es mit der Zunahme an Kreativitätszumutungen zu tun (Reckwitz 2012), die in der Arbeit, unserer einkommensgenerierenden Hauptbeschäftigung, aber nicht oder nur wieder unzulänglich erfüllt werden. Aus der defizitären Personhaftigkeit heraus ist jedes Neue eine Hoffnung. Die Wirtschaft arbeitet im Modus einer ‚ästhetischen Ökonomie'.[21]

2.8 Spannung Schiller – ästhetische Ökonomie

So sind die Firmen in der Verpflichtung, ständig neu zu innovieren, d.h. ihre Deutungsmacht über die *life-style-arrangements* aufrecht zu erhalten – *cultural production* (vgl. Mohr 2016). Aber sind sie keine reinen Produkt-Verkäufer, sondern als *life-style*-Anbieter moderieren sie die unvollständigen Personen, die wir in unserer hypermodernen Freiheit repräsentieren. Sie übernehmen/substituieren den Prozess, den wir

---

dominanten Spielformate einer Gesellschaft geworden. Soweit zur vorläufigen Verwandlung der Schiller'schen Spiele-Idee.

[21] Vgl. Baudrillard 1972; Böhme 2016; Reckwitz 2017; Hutter 2015; Mohr 2014; Boltanski/Esquerre 2018.

uns im 19. Jahrhundert als Bildung vorgestellt hatten: nämlich als Vollendung der Person zur eigenen Persönlichkeit. Nur dass wir das heute
nicht als individuelle Bildungsanstrengung leisten, sondern als Kom-
plementärität von Akteur und *life-style*-Produkt.

Das große Schiller'sche Programm zur *ästhetischen Erziehung*
endigt, zumindest an einem, gleichsam dominierenden Ende, in Kon-
sum-Welten, die mit erheblichem ästhetischen und Design-Aufwand
das Kaufgebahren anreizen, um ,den Menschen' zu einer Persönlichkeit
aufzustocken, die sich durch Güterkauf komplettiert, nicht aber durch
das ästhetische Bewusstsein. „Die wahre Geschichte des Menschen"
(Miklos 2016: 126) ist nicht mehr „die Schöpfungsgeschichte einer
neuen, einer anderen und erträglicheren Wirklichkeit, einer Welt mittels der Kunst" (Miklos 2016: 126). Bzw., um es paradoxer zu formu-
lieren, die Konsumwelt ist eine ,Welt mittels der Kunst', indem für das
anpreisende Werben alle Mittel der Kunst in Einsatz kommen, so dass
man sagen kann, dass für die meisten Menschen die Konsum-Wer-
bungs-Welt der bedeutendste Raum ihrer ästhetischen Erfahrung geworden ist. Das ist auch eine Art von ,ästhetischer Erziehung', allerdings weitab vom bildungsbürgerlichen Entwurf des freiheitsbildenden
Spiels bei Schiller.

Der Markt ist, in seiner innovativen Angebotsdynamik, ein g*roßer
Erwartungsraum*, der nicht nur darauf gründet, dass man ,Fortschritt',
d.h. ständige ,Verbesserung' erwartet, sondern vielmehr, in einer tie-
fergelegten Struktur, Erfüllung bzw., um ein älteres Nomen zu verwenden, Erlösung. In diesem Zusammenhang geht es vornehmlich um die
Hoffnung, im estimierten Produkt eine Vollendung der Identität zu erlangen, die nicht mehr über Bildungsprozesse, wie es das 19. Jahrhundert erwog, laufen, sondern über geliehene Inklusionsfigurationen, die
die Gesellschaft und ,ihre Literatur', die Werbung (eine *economics of
persuasion*), zur Verfügung stellen. Wenn Richard Rorty, der Philosoph, im Roman das Bildungsorgan *par excellence* sieht (Rorty 1991),
das einen wandeln kann, dann ist diese Funktion in der Werbung, der
Literaturform der Wirtschaft, auf die Transformationsqualität der Güter
übertragen. Man bildet sich nicht mehr selber, sondern koaliert mit
Objekten, deren imaginierte Aura einem das verschafft, was man an
sich selbst zu ändern aufgegeben hat. Der Schritt, sich Dienstleistungen

zu kaufen, die einen *coachen*, ist nur die Extension des Grundprozesses. Der klassische Prozess der Subjekt-Werdung hat sich in eine Subjekt/Objekt-Allianz gewandelt, in der das, was das Subjekt früher zu werden anstrebte (wie im Goethe'schen Wilhelm Meister-Bildungsroman), durch Objektkomplettierungen versucht wird. Es wäre allerdings unangemessen, das als materialistische Konsequenz zu deuten, da die Konsum-Objekte nur Medien imaginierter Welterweiterung sind, d.h. nur in einer Subjekt/Objekt/Symbol-Triade wirken (vgl. Hutters ‚Entmaterialisierung' (Hutter 2001)).

3. Arbeit II: Metaphysik der Arbeit: Feuerseele, tätig. Über das Zeitliche beim frühen Marx und seine Spiegelung in den Grundrissen

Marx' Kritik der Politischen Ökonomie gründet auf einer Philosophie: einer Metaphysik der Arbeit, die in der Natur-Mensch-Relation eine naturphilosophische Basis hat. Das ist eine andere Dimension als die der ,protestantischen Ethik' (vgl. Kap. 1). Nach der Beendigung der Herrschaft des Kapitals, so die Revolutionsplanungen, verwandelt sich die Metaphysik der Arbeit in eine Ökonomie der Zeit, die das Ende der Arbeit bedeutet. Das Reich der Notwendigkeit (des Arbeitens und des Kapitals) geht in ein Reich der Freiheit über: in ein Reich der Muße als höhere Tätigkeit, die nicht mehr (entfremdete) Arbeit ist (Priddat 2005).

Marx entfaltet die ,Ökonomie der Zeit' in den Grundrissen von 1857-58, aber bereits in seiner Dissertation von 1841 werden zeittheoretische Grundlagen sichtbar (Marx 1974/1841: „Über die Differenz der demokritischen und epikureischen Naturphilosophie"). Zu Epikur schreibt Marx:

„Aus der Welt des Wesens ausgeschlossen, wird ihm (Epikur; B. P.) die Zeit zur absoluten Form der Erscheinung. Sie wird nämlich bestimmt als accidens des accidens. Das accidens ist die Veränderung der Substanz überhaupt. Das accidens des accidens ist die Veränderung als in sich reflektierende, der Wechsel als Wechsel. Diese reine Form der erscheinenden Welt ist nun die Zeit. Die Zusammensetzung (der Atome = reine Materie als reine Beziehung auf sich; B. P.) ist bloß passive Form der konkreten Natur, die Zeit ihre aktuose Form.

(...) Die Zeit (...), der Wechsel des Endlichen, indem er als Wechsel gesetzt wird, ist ebensosehr die wirkliche Form, die die Erscheinung vom Wesen trennt, sie als Erscheinung setzt, als sie in das Wesen zurückführt. Die Zusammensetzung drückt nur die Materialität sowohl der Atome aus als der Natur, die aus ihnen sich erhebt. Die Zeit dagegen ist in der Welt der Erscheinung, was der Begriff des Atoms in der Welt des Wesens ist, nämlich die Abstraktion, Vernichtung und Zurückführung alles bestimmten Daseins in das Fürsichsein" (Marx 1974/1841: 295; die Definition der Materie: 294).

Wenn man vom zeitlichen Moment abstrahiere, sei die Materie bei Demokrit und Epikur ewig und selbständig (Marx 1974/1841: 295). In Marx' Interpretation wird die Materie, wenn sie „in sich reflektierende" Form annimmt, gestaltet, gleichsam ‚lebendig‘.

Gleich heißt es dann noch: „Die Zeit (...) ist das Feuer des Wesens, das die Erscheinung ewig verzehrt und ihr den Stempel der Abhängigkeit und Wesenslosigkeit aufdrückt" (Marx 1974/1841: 296). Diesen Satz aus der Dissertation finden wir wieder – verwandelt – in den Grundrissen: „Die Arbeit ist das lebendige, gestaltende Feuer; die Vergänglichkeit der Dinge, ihre Zeitlichkeit, als ihre Formung durch die lebendige Zeit" (Marx 1974/1858: 266). Anstelle der Zeit als der „absoluten Form der Erscheinung" ist es die Arbeit, die in der Feuermetapher die Lebendigkeit repräsentiert.

Es bleibt hier unentschieden, ob die Arbeit – „das lebendige, gestaltete Feuer" (Marx 1974/1858: 266) – prometheisch die Vollendung der metaphysisch allein der Natur zugestandenen produktiven Potenz ist, oder ob das „neue Pathos der Arbeit (...) gegen die Natur" (Blumenberg 1957: 270; auch: Haag 1983: 100-121; über den antiken Einfluss auf Marx allgemein: Kondylis 1987) gerichtet wird. Vieles spricht bei Marx für die zweite Version: die produktive Potenz liegt bei den Menschen. Von 1841 bis 1858 wandelt sich die Feuer-Metapher von der Zeitlichkeit der Naturformbewegungen in die Zeit der Arbeit. Die Arbeit als lebendige Zeit transponiert die ewigen Naturdinge (in ihrer „passiven Form der Natur") in die durch lebendige Arbeit geformten Dinge, deren Natur nunmehr als zeitlich gewordene im Gebrauch und Verbrauch vorgestellt wird („die Zeit als aktuose Form").

Die Natur der Antike ist *physis*. *Physis* aber ist ein Werden/Werdegeschehen.[1] Die Materien/Atome sind in zeitlicher Wechselwirkung selber prozesshaft. Hier hat die Natur als *natura naturans* Prozessqualität. Das wird bei Marx über ihre Zeitlichkeit qualifiziert: die Zeit als Feuer ihrer Lebendigkeit (gleichsam eher biologisch denn physikalisch). Indem Marx aber die Zeitlichkeit des Natur-Prozesses in die Arbeit verlegt, wird die Natur zur Materie passiviert: zum Stoff: *natura naturata*, dem gegenüber die Arbeit alles Feuer übertragen bekommt.[2] Die Arbeit bekommt die Qualität der *natura naturans*.[3]

Die Zeit wird im Korpus der Marx'schen Kritik der Politischen Ökonomie zur Arbeitszeit: zum Wesen der Natur des Menschen. Marx benennt es sehr aristotelisch: Die Arbeit bewirkt eine beliebige und äußerliche Formierung des Stoffes und ist kein Ausdruck der Immanenz ihrer Substanz (vgl.: Marx 1974/1858: 265).[4] Auch die epikuräische *physis*, wie Marx sie analysiert hat, produziert die ihrer Materie immanente Form. Aber die ‚immanente Form' ist nicht eng disponiert, sondern in den Wechselwirkungen der Atome jeweils andere Formen zu produzieren in der Lage. Es herrscht eine gewisse Freiheit der Formbildung, deren *agend movens* die Zeit ist.

---

[1] „Heidegger macht zurecht darauf aufmerksam, daß *physis* eigentlich nichts anderes meint als das Werden im Seienden" (Röttgers 2018: 26).

[2] Die Natur-Interpretation seiner Dissertation, die Materie/Atome/Zeit-Relation, blieb noch im metaphysischen Duktus der Emergenz der Formen aus der Materie. Nur dass Marx die Materie/Substanz mit einer durch die Zeit generierte Formwerdung verband.

[3] Arbeit = menschliche Verwandlung, Transformation von Materie; Natur dagegen im Lieferantenstatus (alles, was sie an sich selber strukturiert, ist für die Menschen vorerst nur roher, zu beseelender Stoff).

[4] In der aristotelischen Metaphysik entspricht die Form (*morphe*) dem inhärenten Maß des Gegenstandes, in dem die Materie (*hyle*) sich äußert oder erscheint (Marx 1974/1858: 265; auch: Haag 1983: 104, Fn. 141 von S. 103, 107 und 199) – ein „reales Innewohnen der Formen in der Materie" (Haag 1983: 28, auch 26-29).

Was in der Marx'schen Interpretation der Epikur'schen Naturphilosophie Prozess der Formenbildung ist[5], wird in der Marx'schen Philosophie über die Vermittlung der Arbeit abgebrochen bzw. verwandelt.
Die Arbeit ist zum einen selber ein (physischer) Naturprozess, zum
anderen aber mit menschlichen Zwecksetzungen und Intentionen
durchsetzt, so dass er die Funktion der Natur des Menschen einnehmen
muss. So kann er noch an das alte metaphysische Konzept anzuschlie-
ßen, um zugleich aber trans-metaphysische Wege zu gehen. Denn die
Arbeit, wendet Marx ein, betreibt eine beliebige und äußerliche Formierung des Stoffes und ist nicht mehr Ausdruck der Immanenz einer
zugrundeliegenden Substanz. Als „zweckmäßige Tätigkeit" (Marx
1974/1858: 266) wird die Arbeit nun selber zur „Substanz und das immanente Maß der Werte" (Marx 1969/1933: 559).[6] Die Arbeit wird
aber als eine generative Substanz eingeführt: als tätige bzw. lebendige

---

[5] Insofern noch emergent, die Formen durch die Wechselwirkungsänderungen
der Atome gestaltend. Die Materie ist ein Wechselwirkungsgeschehen, kein
Stoff, wie Marx es auch später verwechselt.

[6] Die Werte, auf die es ökonomisch ankommt, sind, als Resultate der Arbeits-
prozesse, vornehmlich Gebrauchswerte der hergestellten Dinge. Die Gebrauchswerte stehen, im ökonomischen Kontext, gegen die Tauschwerte;
beide sind häufig inkongruent – die schwierige Wert/Preis-Ambiguität der
Marx'schen Theorie (vgl. ausführlich dazu Szepanski 2014: Kap. 2). Die
Marx'schen Tauschwerte sind problematisch, denn die Preise bilden sich auf
den Märkten nach Angebot und Nachfrage, also konstellativ je verschieden.
Zugleich sind die Waren Arbeitsprodukte; der Arbeitswert schwankt aber
nicht mit den Marktpreisen. So entstehen ständig Diskrepanzen zwischen dem
Arbeitswert (in der auf die Waren aufgewendeten Arbeitszeit gemessen) und
ihrem Tauschwert. Geringe Arbeitswerte können hohe Tauschwerte darstel-
len, und hohe Arbeitsaufwendungen werden selbst bei geringen Preisen nicht
verkaufbar. Hier ist die klassische Politische Ökonomie, die die gleichen
Kategorien verwendet (Smith, Ricardo), ebenso wie Marx' kritische Auf-
arbeitung nicht konsistent. Wenn Marx auf der einen Seite die Arbeitswerte
realisiert sehen will (auch und gerade als Respekt vor den Leistungen der
Arbeiter), dann kann er den Märkten nicht vorschreiben, wie sie ihre Preis-
bildungen vonstattengehen lassen, die sich in keiner Weise um die Arbeitswerte scheren. Wir haben es mit zwei fundamentalen Differenzen zu tun: zwischen Gebrauchswerten und Tauschwerten wie zwischen Arbeitswerten und
Güterpreisen.

Gestaltung der Formen, und damit – im ökonomischen Kontext – der Werte. Nicht mehr die Natur gebiert aus ihren Materien/Substanzen die ihr immanenten Formen, sondern die Arbeit gebiert, in ihrer gestalterischen Disposition, die Formen nach den diversen Zwecken.[7] Damit wird eine – scheinbar plantonische – Wende vollzogen: dass man sich die Formen vorher, vor der Arbeit, vorstellen kann, als ein Bild (*eidos*), das man schließlich realisiert. Als Bild kann man vieles imaginieren: viele Möglichkeiten. So gesehen sind in der Welt vielmehr Formen möglich, als je die Natur als Substanz aus sich heraus hervorbringen könnte. Die Arbeit als Verwirklichung der Idee. Dieser Idealismus wird zugleich durch die Arbeit materialisiert, die die notwendige Brücke zwischen Materie und Geist/Idee schlägt.

Marx beschäftigt seine Philosophie mit der Ablösung des metaphysischen Projektes des Abendlandes.

„Das konnte nur geschehen im Geiste von Kants negativer Metaphysik: also durch eine Theorie, die wahrhaft kritisch ‚die Erscheinungsform und das Wesen der Dinge' zu unterscheiden wußte. Für eine solche Theorie durfte die Negation der traditionellen Vorstellung vom Wesen weder – wie im Positivismus – enden bei wesenlosen Fakten noch – wie in Hegels idealistischer Dialektik – bloßes Moment sein in der Bewegung eines Absoluten. Sie hatte durch die ‚Negation des Scheinwesens' hindurch die Bestimmung des ‚wahren Wesens' der Phänomene zu intendieren. Niemand hat das – in kritischer Absetzung von Hegel – so klar erkannt wie Karl Marx. Seine Reflektion über innere und äußere Form der Dinge zielen auf die Scheidung des Essentiellen und Akzidentiellen an ihnen. Die sachliche Differenz zwischen den Formen ist für ihn eine fundamentale" (Haag 1983: 102-103).

Zum einen bleibt Marx im metaphysischen Feld, zum anderen übersetzt er aber die Substanz/Akzidenz-Topik in eine Form/Form-Relation. Die metaphysische Materie/Form-Diktion wandelt sich in eine Gleichgül-

---

[7] Marx bleibt im metaphysischen Raum, nur dass die Arbeit, früher die Akzidenz der Substanz der Materie der Natur, jetzt selber Substanz wird, zu der sich die Preise/Tauschwerte als Akzidentien verhalten (kritisch Szepanksi 2014: 180).

tigkeit des Stoffes gegen die Form. In den Grundrissen lesen wir den Ablösungsprozess wie folgt:

„Aus der bloß vergegenständlichten Arbeitszeit, in deren dinglichem Dasein die Arbeit nur noch als verschwundene, als äußerliche Form ihrer natürlichen Substanz besteht, die dieser Substanz selbst äußerlich ist (z.b. dem Holz die Form des Tisches, oder dem Eisen die Form der Walze), als bloß existierend in der äußeren Form des Stofflichen, entwickelt sich die Gleichgültigkeit des Stoffes gegen die Form; sie erhält sie durch kein lebendiges immanentes Gesetz der Reproduktion, wie der Baum z.b. seine Form als Baum erhält (das Holz erhält sich als Baum in bestimmter Form, weil diese Form eine Form des Holzes ist; während die Form als Tisch dem Holz zufällig ist, nicht die immanente Form einer Substanz), sie existiert nur als dem Stofflichen äußere Form, oder sie existiert selbst nur stofflich. Die Auflösung, der ihr Stoff ausgesetzt ist, löst sie ebenso auf. Aber als Bedingungen der lebendigen Arbeit gesetzt, werden sie selbst wieder beseelt. (…) Indem so die lebendige Arbeit durch ihre Verwirklichung im Material dieses selbst verändert, eine Veränderung, die durch den Zweck der Arbeit bestimmt, und die zwecksetzende Tätigkeit derselben (…) –, wird das Material so in bestimmter Form erhalten, der Formwechsel des Stoffs dem Zweck der Arbeit unterworfen. Die Arbeit ist das lebendige, gestaltende Feuer; die Vergänglichkeit der Dinge, ihre Zeitlichkeit, als ihre Formung durch die lebendige Zeit" (Marx 1974/1858: 265-266).

Im Rekurs auf die Dissertation liest sich die menschliche Sinnlichkeit als gestaltende Arbeit im Hinblick auf die Objektivierung der Natur neu. „Die menschliche Sinnlichkeit ist so das Medium, in dem als in einem Fokus die Naturprozesse sich reflektieren und zum Licht der Erscheinung entzünden" (Marx 1974/1858: 297). Die Sinnlichkeit ist bei Epikur die Reflexion der erscheinenden Welt in sich, ihre verkörperte Zeit (Marx 1974/1858: 297). Es sind Aussagen, die später nurmehr die Vokabel ‚Sinnlichkeit' durch ‚Arbeit' ersetzen müssen. Die gestaltende lebendige Arbeitszeit ändert die Natur als Natur (als passive Form des Sinnlichen) durch ständige Bearbeitung in eine Natur der Dinge für die Menschen (aktuose Form). Der Mensch ist gewissermaßen der finale Aktivator der Natur, die nur in seinem Tätigsein zur Erscheinung kommt, objektiv wird. Die passive Ewigkeit der Natur-

stoffe verwandelt sich in der menschlichen Arbeit in vergängliche Zeit-
lichkeiten. Allein dass Marx Materie als Natur-Stoff denkt, zeigt eine
starke Passivierung, die im Kontrast die Arbeit umso prägnanter als
Aktivposten des Naturgeschehens ausweisen lässt. Die Natur wird zur
Ressource ihrer humanen Bearbeitung.

„Marx denkt das Sein des Menschen als Produktion. Produktion
heißt: Praxis, ‚sinnlich menschliche Tätigkeit' Welches ist das Kenn-
zeichen dieser Tätigkeit? ‚das Tier', schreibt Marx, ‚ist unmittelbar
eins mit seiner Lebenstätigkeit (…). Es *ist* sie' (Marx 1973: 516).
Dagegen fällt der Mensch nicht mit seiner Lebenstätigkeit zusammen, er macht die Lebenstätigkeit zum Gegenstand seines Wollens.
Das Tier produziert einseitig, während der Mensch universell produziert, ‚eben nur dadurch ist er ein Gattungswesen' (Marx 1973:
516f.). Es ist die Praxis, die den Menschen in seinem eigentlichen
Sein konstituiert, indem sie aus ihm ein Gattungswesen macht"
(Agamben 2012: 105).

„Die produktive Tätigkeit des Menschen", interpretiert der Philosoph
Georgio Agamben Marx aus den ‚ökonomisch-philosophischen Manu-
skripten' von 1844,

„ist an ihrer Basis Lebenskraft, Drang, Energie, Spannung, Passion.
Das Wesen der Praxis, des Gattungscharakters des Menschen, des
produzierenden Lebewesens, ist der Wille. Das menschliche Produzieren ist Praxis, wobei ‚der Mensch universell produziert' " (Agamben 2012: 113; vgl. auch: die frühsozialistische Schrift ‚Leidenschaft
und Arbeit' von Theodore Dezamy 1980).

Was schließlich im Kommunismus kulminieren muss, ist im Gattungscharakter der Menschen historisch angelegt: „die freie bewußte Tätigkeit ist der Gattungscharakter des Menschen" (Marx 1974/1858: 516).
Die freie, bewusste Tätigkeit als ‚universelle Produktion' (Marx 1968/
1844: 517) von 1844 wird von Marx in den Grundrissen von 1857-58
als arbeitsbefreite Muße-Gesellschaft einer Ökonomie der Zeit vorgestellt. Hier schließt sich der epikureische Anfang aus der Dissertation
in einer Ökonomie der Zeit, in der sich finaliter alle Ökonomie auflöse.
Schließlich „ist alle Ökonomie die der Zeit" (Marx 1974/1858: 89), und

wirkliche Ökonomie ist Einsparung von Arbeitszeit (Marx 1974/1858: 599).

Der Gedanke der Auflösung aller Ökonomie in eine Ökonomie der Zeit gibt den Blick frei auf die Rekonstruktion der Marx'schen Philosophie, die von Anbeginn an die Zeitlichkeit in den Fokus ihrer *Reflection* stellt, und nicht nur als geschichtliche Konzeption (historischer Materialismus), sondern vor allem als *Reflection* der Transformation der Natur-Materien in zweck- bzw. gebrauchsmäßige Formen durch Arbeit. Der kapitalistische Prozess der Mehrarbeitsorganisation zwingt die Verkürzung der Arbeitszeit durch immer höhere Produktivität der Maschinerie, dass innerhalb des Kapitalismus notwendig die Verelendung der Arbeiterschaft zunehmen muss, was Marx nötigt, die Revolution als jene ‚wirkliche kommunistische Aktion' ansehen zu müssen, die die gesellschaftliche Organisation dieses Prozesses umdreht und die Arbeiter nicht lediglich negativ, sondern positiv von der Arbeit befreit. Das Reich der Notwendigkeit (der Arbeit und Mehrarbeit und Ausbeutung) schlägt um ins Reich der Freiheit: d.h. in das Reich der Freiheit von der Arbeit.

Die Ökonomie der Zeit erweist sich als Produzentin der *disposable time*, bzw. der freien Zeit für höhere Tätigkeit. Das sollte man bei Marx nicht übersehen: Die Minimierung der Arbeit im Kommunismus bzw. die Befreiung der Arbeiter nicht nur von der *surplus*-Arbeit, sondern tendenziell von der Arbeit überhaupt, ist kein Übergang in Tätigkeitsarmut (wie Paul Lafargue, Marx' Schwiegersohn, es mit seinem ‚Recht auf Faulheit' anvisierte (vgl. Kap. 5)), sondern ein Übergang in ‚höhere Tätigkeit'. Eine bildungsbürgerliche Pastorale. Letztlich endet die Einsparung von Arbeitszeit in einer von der Arbeit befreiten Epoche (in der die automatisierten Maschinenprozesse alle Wertschöpfung betreiben).

Agambens Verweis darauf, dass der Mensch als Gattungswesen ‚universell produziert', in all seinen Leidenschaften, Sinnlichkeiten etc. setzt voraus verstanden zu haben, dass dieses Gattungswesen keine natürliche Einteilung im Vergleich aller Lebenswesen meint, sondern die Besonderheit des Menschen, das nicht festgestellte Tier zu sein, das universell produziert, also unbestimmt ist. Als Gattungswesen ist der Mensch Natur, die die Natur verwandelt. Die humane Potenz, universell zu produzieren, ist durch den Kapitalismus, diese besonderen Produktionsverhältnisse, entfremdet, so dass es einer „wirklichen kommunistischen Aktion" bedarf (Marx 1968/1844: 515), das humane Potential der Universalität zu entfalten.

> „Die Theorie der Entfremdung findet ihren systematischen Ort in Marx' Versuch, einen wahrhaften, uneingeschränkten (politischen) Universalismus – einen anderen Humanismus – zu denken. Vom Anspruch einen solchen Begriff der Universalität, der universalen Gleichheit, zu denken – und damit die ‚die Gleichheit als Grund des Kommunismus' (1844: 553) keinem partikularen Attribut geschuldet ist –, ergibt sich die Denknotwendigkeit der vollständigen Entfremdung, des völligen Verlustes des Menschen. Der Mensch muß zum ‚Unwesen' (1844: 531) werden. Das bedeutet: Weder besitzt der Menschen ein Wesen, noch besitzt er einfach kein Wesen, sondern er ist ein Un-Wesen, was seine konstitutive Unbestimmtheit auszeichnet" (Ruda 2011: 252).[8]

Wie kann man aber diese Produktion denken, die zugleich die konstitutive Unbestimmtheit enthält? Oder anders gefragt: Wenn Marx impliziert, dass sich diese ontologische Wesensbejahung im werktätigen Gattungsleben auf das bezieht, was er den Menschen als ‚Gattungswesen' (1844: 515) nennt, wie lässt sich dieses Gattungswesen, das in der universellen Produktion bejaht wird, verstehen? Was ist die genaue Verfahrensweise der universellen Produktion? Wir müssen das verstehen, wenn wir Marx eigenen Humanismus verstehen wollen.

Seit der Dissertation operiert Marx mit der Sinnlichkeit der Menschen. In einem Bild erörtert Marx 1844 das Wesen der universellen Produktion als Verfahren:

> „Wie erst die Musik den musikalischen Sinn des Menschen erweckt, wie für das unmusikalische Ohr die schönste Musik keinen Sinn hat, (kein) Gegenstand ist, weil mein Gegenstand nur die Bestätigung meiner Wesenskräfte sein kann (...), darum sind die Sinne des gesellschaftlichen Menschen andere Sinne, wie die des ungesellschaftlichen; erst durch den gegenständlich entfalteten Reichtum des menschlichen Wesens wird der Reichtum der subjektiven mensch-

---

[8] Dass die „wirkliche kommunistische Aktion" (Marx 1968/1844: 553) das Proletariat voraussetzt, ist eine andere Geschichte (Ruda 2011: 247-262).

lichen Sinnlichkeit, wird ein musikalisches Ohr, ein Auge für die Schönheit der Form, (...) teils ausgebildet, teils erzeugt. Denn (...) die Menschlichkeit der Sinne wird erst durch das Dasein seines Gegenstandes, die vermenschlichte Natur" (Marx 1968/1844: 541).

Wenn man das als Erörterung der Struktur universaler Produktion ansieht, wird deutlicher:

„Im Prozess universaler Produktion, dem Prozess, der nach der wirklichen kommunistischen Aktion beginnt, bildet das konstitutiv unbestimmte menschliche (Kollektiv-)Subjekt ‚gesellschaftliche Organe (1844: 540) aus, die rückwirkend dessen Wesen bestimmen. (...) Die universelle Produktion ist einerseits Produktion von Bestimmungen des menschlichen Wesens, die gegenständlich, wirklich und objektiv werden. Diese Bestimmungen sind objektiv, da sie die Wesenskonstitution des Menschen auf eine Art und Weise verändern, die dessen Wesen für immer transformieren wird" (Ruda 2011: 255).

Wir sind wieder in der Wechselwirkung der Formen, die wir vorher erörterten. Das Wesen des Menschen, als sein Gattungswesen, wird erst durch die Revolution und die ihr nachfolgende Zeit: die wirkliche kommunistische Aktion, wirklich, und durch die universelle Produktion, die nicht nur das Gattungswesen endlich verwirklicht, sondern dadurch das Gattungswesen ändert. In dem Sinne ist es unsinnig, vom einem Wesen des Menschen zu reden, das er erst werden kann, wenn es die Bedingungen dazu durch Revolution herstellt.

„Denn die retrokative Bestimmung des Menschen im Prozeß der universellen Produktion, besser: die Bestimmung dessen, was ein Mensch gewesen sein wird, vermag nicht auf eine vorgängige Wesensbestimmung des Menschen zu rekurrieren, sondern ergibt sich erst nachträglich im Prozess seiner Bestimmung. Daher ist die Zeitlichkeit der universellen Produktion die des Futur anterieur (Futur II, B. P.)" (Ruda 2011: 256).

Und genauer:

„Die Bestimmung des UN-Wesens Mensch ist nicht an eine vorgegebene Möglichkeit des Menschlichen gebunden, die sich in diesem Prozess der Produktion verwirklichen würde, sondern vielmehr schafft dieser Prozess kontinuierlich rückwirkend die Bedingungen der eigenen Möglichkeit. Deswegen kann Marx auch behaupten, dass ‚der Kommunismus (…) nicht als solcher das Ziel der menschlichen Entwicklung' (1844: 546) ist, da der durch die kommunistische Aktion eingesetzte Prozess universeller Produktion aufgrund der eigenen Logik kein Ziel kennen kann" (Ruda 2011: 256).

Marx entfalte eben kein geschichtliches Gesetz (wie man den ‚historischen Materialismus' Engels gleich auch für Marx mit-missverstanden hat, wie man aus seiner Kapital-Theorie meint entnehmen zu können), sondern einen post-revolutionär offenen Prozess, der es auch nicht einfach macht, positiv zu benennen, was denn ‚der Kommunismus ist'. Es ist eher eine Vorgang der ‚schöpferischen Zerstörung', wenn ich mir diesen Topos von Schumpeter für Marx leihen darf.

„Das Gattungswesen ist konstitutiv unbestimmt, und über diese potentielle Unendlichkeit seiner aufeinander folgenden Bestimmungen, die jedes Mal Schritt für Schritt rückwirkend das Wesen selber transformieren, bleibt es unbestimmt. Denn der Prozess erlaubt nicht ein Gesetz des Verfahrens, eine bestimmte Bedingung der Zugehörigkeit, einen Punkt, an dem die Verwirklichung des Menschen-Möglichen erreicht wäre, anzugeben" (Ruda 2011: 257)

Dieser Prozess entzieht sich jedwelcher „Verwesentlichung" (Ruda 2011: 258).

In diesem Prozess der „schrittweisen Entfaltung der Wahrheit des Menschen", wie Frank Ruda es nennt, zeigt sich

„das wahre Gattungsleben des Menschen, das jeden Beliebigen einschließt (das ganze Proletariat). Der Mensch lebt folglich nur, wenn er an der Entfaltung seiner eigen Universalität, seiner ontologischen Wesensbejahung, arbeitet" (Ruda 2011: 258).

Jetzt sind wir wieder bei der Arbeit angelangt, der Substanz der Produktion, wie wir es vordem lasen.

„Wahrhaftes Gattungsleben bedeutet für Marx eine kollektiv universelle Produktion zu denken, die selbst Leben erzeugt, ‚denn was ist Leben (anderes) als Tätigkeit' (1844: 515) – als universelle Produktion. Wenn wahrhaft zu leben bedeutet universell zu produzieren –

d.h. die Universalität des eigenen Wesens zu produzieren –, dann ist
Leben = Tätigkeit. Damit ist aber auch gesagt, dass wahrhafte Tätig-
keit, d.h. universelle Produktion, wahrhaftes Leben, d.h. die beständige Hervorbringung der eigenen Universalität, ist" (Ruda 2011: 258-259).

Für die Ökonomie der Zeit: d.h. für die Mußegesellschaft spricht Marx
von ‚höherer Tätigkeit'. Für die Zukunft ist eine andere „Zeitbestimmung" (Marx 1974/1858: 89) vorauszusetzen: die Transposition der
„überflüssigen" Arbeitszeit der Surplusmacherei in „disposable time"
(Marx 1974/1858: 594-595).[9] Die „freie Zeit, die sowohl Mußezeit wie
Zeit für höhere Tätigkeit ist – hat ihren Besitzer natürlich in ein anderes
Subjekt verwandelt und als dies andere Subjekt tritt er dann in den unmittelbaren Produktionsprozeß" (Marx 1974/1858: 599). Er hat freie
Zeit, um sich Produktionen höherer Art zu widmen. Die positive Arbeitslosigkeit, die Marx als großes Geschichtsziel anstrebt: endlich die
Befreiung von der entfremdeten und ausgebeuteten Arbeit unter der
Herrschaft des Kapitals, ist beileibe keine Tätigkeitslosigkeit – umgekehrt eher die ‚wahre Arbeit'. Aber das ist kein Diktum Marx'.

Es ist offensichtlich, dass Marx hier von einer post-revolutionären
Epoche spricht, denn im Kapitalismus können sich die Arbeiter weder
der Muße hingeben noch sich in ‚ein anderes Subjekt' verwandeln. Der
Kommunismus, wie wir zeigen können, verschafft die Zeit, die Menschen brauchen, um sich zu entwickeln, um das „andere Subjekt" werden zu können. Dazu braucht es allerdings einer Revolution, d.h. der
Abschaffung der bisherigen Herrschafts- und Produktionsverhältnisse,

---

[9] Das ist ähnlich der antiken Vorstellung, in der Muße (*schole*) Herr über die
Zeit zu sein (Welskopf 1962: 6). Ortega y Gasset deute es noch entschiedener:
„Die Alten teilten das Leben in zwei Zonen ein: die eine, die sie otium
nannten, die Muße, die nicht die Negation der Tätigkeit ist, sondern das Sich-
Beschäftigen mit dem Menschlichen, das sie als Herrschaft, Organisation,
Verkehr, Wissenschaft, Künste deuteten. Die andere Zone, die erfüllt ist von
Anstrengung, um die elementaren Bedürfnisse, um alles, was jenes otium
möglich macht. Zu befriedigen, nannten sie negotium, wodurch sie treffend
den negativen Charakter bezeichneten, den sie für den Menschen hat" (Ortega
y Gasset 1949: 60). Beides zitiert bei Röttgers 2014: Fn. 3 auf S. 12.

um sich die Zeit, die die Menschen zu ihrer Vollendung bräuchten, vollständig zu nutzen.

Die freie Zeit, die den Menschen zur „universalen Entwicklung des Individuums" (Marx 1974/1858: 440) Zeit gibt, ist der „wahre Reichtum; Zeit, die nicht durch unmittelbar produktive Arbeit absorbiert wird, sondern zum enjoyment, zur Muße, so daß sie zur freien Tätigkeit und Entwicklung Raum gibt. Die Zeit ist der Raum für die Entwicklung der faculties etc." (Marx 1976/1863: 252; vgl. auch Marx 1974/1858: 89 und 594-595). Der wahre Reichtum besteht fortan in den allseitigen Fähigkeiten der Individuen, die herauszubilden Produktionsbedingung sein wird (Marx 1974/1858: 599; Marx 1976/1863: 252). Und es sind tatsächlich zuerst die Individuen gemeint; es geht um die „Entwicklung der vollen Produktivkräfte der Einzelnen, daher auch der Gesellschaft" (Marx 1974/1858: 595).

Die Ökonomie der Zeit produziert einen anderen, nicht mehr monetär und über den Profit generierten ‚wahren Reichtum': an freier, frei verfügbarer Zeit (Marx 1974/1858: 596).

Die Zeit ist im Kommunismus die freie Zeit für höhere Tätigkeit, d.h. für Produktion seiner selbst wie der Gesellschaft. Die dadurch ermöglichte Muße ist die Zeit der Bildung. Damit die Bildung seiner selbst, in Vorbereitung der vollen Entfaltung der Kreativität und Innovativität der Menschen. Wir übersehen leichthin, dass diese Muße-Vorstellung des Kommunismus ein antikes *remake* der Politik der Polis ist: Alle Bürger sind gleich (*isonomia*) und gestalten die Politik ihrer Stadt/Gesellschaft. Das ist die universelle Produktion – nicht mehr nur der der Güter, die jetzt die Maschinen leisten[10], sondern der Menschen als Menschen in der Verwirklichung ihres Gattungswesens.

---

[10] Reduktion der Arbeit auf ein Minimum ergibt sich dann in den *modern times* aus dem Einsatz von *high tech*. Marx rechnete auf das sich bereits im 19. Jh. abzeichnende „automatische System der Maschinerie" (1974/1858: 592). „In dem Maße aber, wie die große Industrie sich entwickelt, wird die Schöpfung des wirklichen Reichtums abhängig weniger von der Arbeitszeit und dem Quantum angewandter Arbeit als von der Macht der Agentien, die während der Arbeitszeit in Bewegung gesetzt werden und die selbst wieder – deren *powerful effectiveness* [mächtige Wirksamkeit] selbst wieder in keinem Verhältnis steht zur unmittelbaren Arbeitszeit, die ihre Produktion kostet,

Der Kommunismus als Mußegesellschaft scheint die Arbeit abgeschafft zu haben, die Lohnarbeit auf jeden Fall, weil es keine kapitalistischen Eigentums- und Produktionsverhältnisse mehr gibt. In dem Sinne werden alle – positiv gesehen – arbeitslos (ein Moment davon schwingt in der Grundeinkommensdebatte heute mit (vgl. das folgende Kap. 5)). Aber es wäre in diesem Mußemodell unsinnig davon zu sprechen, dass die Menschen über den Verlust der Arbeit untätig würden (vgl. dazu allgemeiner Röttgers 2014); sie realisieren ihre Gesellschaft universell, stellen sie, nunmehr allgemein kompetent weil gebildet, politisch neu auf. Denn die Polis ist das abendländische Modell der Selbstherrschaft gleichberechtigter Bürger – nun allerdings mit der modernen Umkehrung, dass die Sklaven, die bei die griechischen Poleis nicht nur von der Politik, sondern vom Menschlichen ausgeschlossen waren, nunmehr als Proletariat die Selbstherrschaft übernehmen. Das ändert natürlich die Bedingungen vollständig: Können die in Selbständigkeit ungeübten neuen Bürger überhaupt Politik? Braucht es letztlich nicht doch gebildete Eliten, die den Kommunismus gelingen lassen können? Ist Lenin nachher nicht doch das notwendige Modell? Ist die Gleichheit/Gleichberechtigung (*isonomia*) nicht ein immer wieder – zeitlich – neu zu formierendes Projekt der ‚universellen Produktion'? Ist Trotzkis Idee der permanenten Revolution nicht die redlichere Version?

Und zuletzt: Ist Marx Naturalisierung der Arbeit als universelle Produktion, die die Natur in beliebige, der Natur äußerliche Formen verwandelt, also zugleich eine Humanisierung der Natur beschreibt, eine dem Anthropozän zugrundeliegende Grundkonzeption (vgl. Raddatz 2018)? Ist Marx nicht – aus Gründen der Humanisierung der Arbeit durch ihre Abschaffung – notwendigerweise ein Apologet der technischen wie des technologischen Fortschritts, weil nur der technische Fortschritt die Produktivität hochtreibt, aus der sich das *human capital* allmählich ausklinkt?

All das erörtern wir heute im Diskurs über das bedingungslose Grundeinkommen, nur dass wir ausblenden, dass Marx (und übrigens

sondern vielmehr abhängt vom allgemeinen Stand der Wissenschaft und dem Fortschritt der Technologie, oder der Anwendung dieser Wissenschaft auf die Produktion" (Marx 1974/1858: 592).

auch Keynes 1929 (vgl. das folgende Kap. 4)) die Arbeit durch höhere Tätigkeit = Bildung + Kreativität übersetzen wollte, während die Grundeinkommen letztlich keine Anforderungen mehr stellen, so dass uns gegebenenfalls nurmehr einfach die Arbeit ausgeht – Hanna Arendts große Befürchtung: „Was uns bevorsteht", lesen wir bei der Philosophin Hannah Arendt, „ist die Aussicht auf eine Arbeitsgesellschaft, der die Arbeit ausgegangen ist, also die einzige Tätigkeit, auf die sie sich noch versteht. Was könnte verhängnisvoller sein?" (Arendt 1981: 12). Das steht konträr zu Marx' Utopie. Für Hannah Arendt ist die Arbeitslosigkeitserwartung der Muße eine Dystopie. Bei Michel Serres lesen wir von einer Lücke im Marx'schen System.

„Berechtigt ist der Zweifel von Michel Serres, ob der klassische Arbeitsbegriff, der am Produzieren orientiert ist, wegen seiner promethisch-metaphorischen Grundlast noch geeignet ist, die Informationstransfers, incl. der Geldströme und ihrer beider Wertschöpfungen die Zukunft angemessen beschreiben läßt. (...) beklagte der frühe Marx noch, daß dem Arbeiter im Kapitalismus die Arbeit entfremdet sei, so stellt sich für diese neuen Zusammenhänge nicht-prometheischer Arbeit die umgekehrte Frage, ob hier nicht in der Arbeit der Informations-Maschinen und -Programme der Mensch ein fremdes Wesen geworden ist. (...)" (Raddatz 2018: 40; mit Bezug auf Serres 1992: 166-204 und 1995: 39ff.. Vgl. auch Priddat 2018b).

Doch ist die ‚Arbeit' der Maschinen bzw. des ‚industriellen Gesamtarbeiters', wie Marx es in den Grundrissen nennt, zwar weiterhin Gestaltung der Natur und Herrschaft über sie, aber nicht mehr menschlich, sondern technisch. Die Menschen klinken sich, so Marx, aus diesem Natur-Verwandlungs-Prozess aus und werden geistig-politische Wesen, denen die ganze Produktion als automatisierter Naturvorgang zugrunde liegt.[11]

---

[11] Die Entfremdung wird im Kommunismus nicht dadurch aufgehoben, dass die ungeheure Produktivität der Maschinerie wieder aufgelöst wird, sondern dass die ‚Poesie des Besitzes' (Adam Müller) durch eine neben der Produktion laufende kreative Tätigkeit neu gewonnen werden kann (Schivelbusch 2006: 90f. und 123f.).

Doch hier bleibt Marx' naturphilosophische Basis unentwickelt. Was zu Beginn als Natur/Arbeit-Relation ausgefaltet wurde, wird in der finalen Epoche der Aufhebung der Arbeit durch eine Natur/Techologie-Relation ersetzt, die den ganzen Produktionsprozess ausmacht, von dem sich die Menschen in ihrer freien Zeitdisposition zur höheren Tätigkeit absetzen. Die Natur der Natur bleibt ,roher Stoff', Ressource der Produktion. Nur in der Arbeit erscheint die andere Seite der Natur, ihre Vitalität und Lebendigkeit, einseitig auf die Seite der Menschen verlagert. Nach der Revolution verschiebt sich die Relation noch einmal: Die Natur/Technologie-Komplexion verlebendigt die Natur nicht, dynamisiert ihre Transformation/Produktion nur organisatorisch produktivitätsgeleitet. Das Lebendige der Natur verlagert sich *post revolutionem* ganz auf die Menschen, die in der Arbeitsfreiheit der Mußegesellschaft ihre Kreativität entfalten können. Die ,höhere Tätigkeit' steht nicht mehr mit der Natur in Relation (das wird durch den automatisierten ,industriellen Gesamtarbeiter' erledigt), sondern wird als endlich emanzipierte, zu sich selbst gekommene Humanität, am besten als finale ,geistige Natur' charakterisiert.

Um es noch genauer zu betrachten: Die Produkte des automatisierten Produktionsprozesses sind gleichsam neue immanente Formen der Substanz des Natur/Technologie-Komplexes. Die Freiheit der Formen bliebt jetzt im rein geistigen Bereich, der nicht mehr mit der Arbeit an die neue Hybrid-Natur rückgekoppelt sein muss.

Über die Reihe Natur/Arbeit/Technologie/höhere Tätigkeit = Muße sehen wir einen Schattenrest Hegels aufscheinen, die Emanation des Geistes aus einer Abarbeitung der Natur-/Kultur-Spannung in der Geschichte, die in einer dialektischen Aufhebung endet. Die (antike) Substanz/Materie, die mit Notwendigkeit die in ihr disponierte Form zur Erscheinung treibt, kann – als großer Prozess verstanden – die in der Materie immanente Geistigkeit zum Reich der Freiheit entfalten. Die Metaphysik der Arbeit, die den gewaltigen historischen Prozess des Kapitalismus hervorbrachte, endet mit der Revolution, die in die höhere Tätigkeit übergeht, die man als Ende der Arbeit sehen kann, oder aber als Metamorphose der Metaphysik der Arbeit in das freie Geistesleben der kreativen Potentiale höherer Tätigkeiten.

In der zweiten Variante wäre die Arbeit, nunmehr verwandelt in höhere Tätigkeit, gleichsam ein anthropologisches Wesensmerkmal der Menschen (kritisch Röttgers 2014: 1-8). Andererseits scheinen Arbeit und Muße komplementär zu sein (Röttgers 2014: 15-32). Marx aber, ich rede jetzt von der ersten Variante, scheint die Befreiung der Arbeiter von der Arbeit und ihrer – als Proletariat bisher ausgeschlossenen Beteilung am Geistesleben und an der Kultur – Bildung für den eigentlichen wesentlichen Schritt zu erachten. Bisher haben wir Marx' Intentionen herausgearbeitet. Doch reicht eine solche Interpretation nicht aus. Marx' naturphilosophische Linie lässt sich heute nicht mehr halten, angesichts der ökologischen Naturtheoreme. Die Natur ist mit dem Menschen – allein sein von unzähligen Mikroorganismen bewohnter Körper – auf mannigfaltige Weise interaktiv, die ‚die Natur‘ selber als eine Verflechtung von diversen Ökosystemen ausweist (vgl. Raddatz 2018). Darin ist menschliche ‚Herrschaft‘ – wie wir Marx' Konzeption lesen müssen – ein die Ökosystemwelten modifizierender Eingriff, die die arbeitsbefreite Mußegesellschaft nicht mehr isoliert ideal vorstellen lassen kann.

Wenn wir die Mußegesellschaft – *post revolutionem* – als das zivilisatorische Finale der Menschengeschichte betrachten, haben wir (und Marx auch) vergessen, dass diese Geschichte in Naturprozesse inkludiert ist, die uns heute als Grenzprozesse auffällig werden (ökologisch klimatologisch, demoskopisch, epidemiologisch etc.), die jedwelche anthropozentrische Geschichtsdeutung obsolet erscheinen lassen kann.

4. Muße II: Keynes über eine post-kapitalistische Zeit der Muße nach 2030[1]

(zusammen mit Julia Köhn)

John Maynard Keynes war ein englischer Liberaler von eigenem Zuschnitt. In seinen jungen Jahren bewunderte er Edmund Burkes konservatives Konzept, aber kritisch. Er zählte vor dem 1. Weltkrieg zu den progressiven Liberalen, die sich Reformideen stellten (Clarke, 1983). Zeit seines Lebens war er den Sozialisten aufgeschlossen, wenn auch nur in einigen Punkten. So zeigt sich, in der ersten Skizze, ein hybrides Bild, das er 1925 in einem eigenen Aufsatz zur Frage, ob er ein Liberaler wäre, ausformulierte, natürlich mit einer eigenständigen Neudefinition.

Man muss sich aber vergegenwärtigen, dass Keynes zur nationalen Elite gehörte und sich auch – in traditioneller Manier – so verstand (Freeden, 1986: 166-171). In der John Stuart Mill'schen Tradition als non-conformist war er letztlich einem klassischen Ideal eines *gentleman* verpflichtet: einem älteren liberalen Konzept.

Der *rational man*, genauer der *reasoned man*, wie Adam Smith ihn auffassen musste (ohne diesen Begriff schon verwenden), ist ein gebildeter Kaufmann oder Grundbesitzer, d.h. ein Mitglied der Klasse der

---

[1] Eine andere Version bereits veröffentlich in Köhn/Priddat 2014

Eigentümer, die überhaupt disponible Gelder verfügen. Bei Adam Smith – wie bei vielen anderen der Zeit – ist das Ideal des *rational man* identisch mit dem des *gentleman*:

„Das Handeln des gentleman ist gelenkt von einem unparteiischen inneren Richter, der verhindert, dass wir uns selbst vorziehen ohne Rücksicht auf andere, der uns hilft, über unsere eigene Perspektive hinaus die Ereignisse in ihrer richtigen Gestalt und in ihren wahren Proportionen zu sehen. Nur aufgrund dieser Instanz ist es uns möglich, die eigenen und die Interessen anderer Menschen abzuwägen und ein Gefühl für das zu entwickeln, was andere fühlen und denken und was schicklich ist und gerecht. Diese innere Autorität versetzt uns in die Lage, all jene Unausgewogenheiten zu vermeiden, von denen unser gesellschaftliches Auftreten gekennzeichnet wäre, wenn wir nur von unseren ursprünglichen egoistischen Affekten beherrscht würden" (Blomert, 2012; S. 19, über Smith aus der ‚Theorie der moralischen Gefühle' (Smith 1982/1759)).

Das setzt allerdings voraus, dass die Akteure ein gutes, allmählich ausgebildetes Einfühlungsvermögen haben: die Sympathie, die sie anderen gegenüber entwickeln, ist ein „imaginary change of situation" (Smith 1982/1759: 21), von dem aus man sich in die Lage des anderen einfühlt. Eleonore Kalisch erklärt Smith aus einer *culture of sensibility* des 18. Jahrhunderts, in der Leidenschaften und Vernunft zu tarieren gelernt werden (Kalisch 2006); ein Elitenbildungsideal, das bei Shaftesbury (1671-1713) zu Beginn des Jahrhunderts als Konzept des ästhetisches Gefühls erstmals ausgebildet wurde. Genauer betrachtet haben wir es mit einem sozial gewünschten Habitus zu tun, der nicht mehr auf individuell elaborierter Urteilskompetenz beruht, sondern auf zivilisierten Regeln, die einzuhalten jeder *gentleman* zu lernen habe. Als gelernter Habitus bildet er ein Sittengefüge, das wechselseitig vorausgesetzt werden kann und also verlässlich insoweit ist, als man sich nur den gesellschaftlichen Ursachen fügen muss, um anerkannt zu sein (in einem gewissen Sinne unabhängig von der individuellen Intelligenz). Bewegt man sich in diesem habituellen *role model*, senken sich die kognitiven Anforderungen an die Urteilskraft, wenn auch gewisse Einübungen in *sensibility* weiterhin erforderlich blieben. Pragmatische wie ästhetische Momente spielen hinein. Abweichungen werden subtil gesellschaftlich notiert und kommuniziert. Die *culture of sensibility* setzt auf ein ästhetisch-moralisches Empfinden, in dem die Urteile zu fällen sind.

Die Rationalität ziemt „einem Mann von Rang und Vermögen", der sich tugendhaft freiwillig in politische Ämter begibt, weil er das Gemeinwesen – vernünftigerweise – genauso im Blick hat wie seine Interessen (Blomert 2013: 248). Die niederen Stände hingegen werden nicht der Rationalität für fähig erachtet; sie sind der Liederlichkeit und dem Laster unterworfen, vernunftundiszipliniert und affektengesteuert (Blomert 2013: 248). Der *rational man* ist Mitglied einer Elite, die aufgrund ihres Charakters und ihrer Vernunfttugenden die Gesellschaft führt und regelt. Smith hält die Aristokratie (Grundbesitzer) für eher führungsbegabt als die Kaufleute, die ,unpatriotisch' sind, d.h. ihre Loyalität dem Gelde schulden, nicht dem Gemeinwesen (Blomert 2013: 249). Dass Adam Smith die Menschen generell für vorteilsorientiert hält, ist eher ein Nachteil für die Gesellschaft, die deshalb von *reasoned men* geführt werden müsse, damit die egoistischen Interessen nicht überhand nehmen (vgl. Hartmann 2011: 467-511). Man muss sich die Soziologie dieser Ökonomie ansehen, um zu verstehen, welche Handlungstypen dominieren; jede Theorie hat ein anderes personales Inventar, in anders gelagerter sozialer Positionierungs- und Geltungsmatrix. Allein deshalb schon muss man Theoriegeschichte geschichtlich reformulieren.

Ende des 19. Jahrhunderts wird der *rational man* verallgemeinert bzw. demokratisiert. Diese schnelle Allgemeinvermenschlichung der Rationalität etabliert eine ökonomische Republik gleicher und freier Menschen. Deren tatsächliche Einkommens- und Vermögensunterschiede sind dann Folgen der Leistungsdifferenzierung, d.h. Ergebnisse des Umstandes, seine Chancen nicht gleich wahrgenommen zu haben bzw. nicht optimal genutzt zu haben. Die alte Smith'sche Soziologie der Wirtschaft war klassenweise geordnet, jeder Klasse ihren eigenen Verhaltensstandards und Habitus noch zuordnend und die Beweglichkeit zwischen den Klassen einschränkend. Die neue Ökonomie der effizienten Allokation rationaler Akteure ist eine Art ökonomischer (politikfreier) Republik, die dann, wenn sie effizient funktioniert, keiner Staatsintervention bedarf. Das wird das liberale Credo des 19. Jahrhunderts, vielfältig ins 20ste transponiert. Gegen die ältere liberale Idee, wenn man Adam Smith dort einreihen darf, ist der Markt keine Elite-veranstaltung mehr, sondern demokratisch durch-rationalisiert. Doch auch in der neuen liberalen Version des 19. Jahrhunderts – John Stuart Mills Version (Mill 1988; Priddat 2002b) –, sind es die *gentlemen*, die den Reststaat verwalten und vertreten (bei Mill kommt allerdings die Freiheit der Meinung in der Öffentlichkeit hinzu, die ein Wettbewerbs-moment in die Eliten trägt, die dem Modell des vermögenden Dandy entnommen ist (Priddat 2002b). Die Konformität des *gentleman*-Mo-dells wird durch einen *non-conformism* ersetzt: durch die öffentliche Debatte, die keinen regelhaften Habitus mehr kennt. Freiheit wird als freie antagonistische Rede in die Politik eingeführt). Eine Demokratie der Massen ist aber nicht notwendig vorgesehen, weil die freien Märkte bereits die geeigneten Arenen sind, in denen die Massen materiell effi-zient versorgt werden. In seiner Ökonomie allerdings schlägt John Stuart Mill gewisse Umverteilungen vor, die nur der Staat vornehmen kann, um die Ideale der freien Marktversorgung bei Marktversagen auf-recht zu erhalten. Die Liberalen dieser Prägung stehen für repräsenta-tive Demokratie ein, wobei sie das personale Inventar der Regierungen aber weiterhin aus den Eliten beschafft sehen, die jetzt aber nicht mehr aus ihren Ständen sich reproduzieren, sondern auch durch intelligente *opinion leadership* sich qualifizieren können. Es ist einsichtig, dass sich die Liberalen fortan aufteilen in progressive, die sich gelinden Umver-teilungsversprechen verschreiben, und in konservative, die für den nachhaltigen Bestand der geltenden Verhältnisse votieren (gegen Re-form und Sozialismus). Keynes gehört zu den ersteren.

Was hier etwas breiter vorgelegt wurde, ist im Prinzip die Basis des Keynes'schen politischen Denkens. Er war philosophisch gebildet, vor-nehmlich durch Burke, Moore, durch seine epistemologische Aus-einandersetzung mit der Wahrscheinlichkeitstheorie (Muchlinski 1996). Er war tief davon überzeugt, dass die Reflektion des ‚guten Lebens' wichtiger sei als die Analyse der Mittel, es zu erlangen (Skidelski/ Skidelski 2013: 30-36).

An Edmund Burkes konservativem politischen Konzept überzeugt Keynes dessen utilitaristische Herangehensweise:

„that the happiness or utility which governments should aim to maximize is short run not long run. This is a consequence of accepting the Moore-Burke criterion of ‚moral risk‘ – ‚Burke ever held, and held rightly, that it can seldom be right (…) to sacrifice a present benefit for a doubtful advantage in the future‘. The concept of moral risk was a guiding principle in Keynes's own statesmanship. It inoculated him equally against Communism and the sacrificial thinking implicit of much of orthodox economics" (Skidelski 2010: 46).

Ebenso überzeugt Keynes an Burke die dikretionäre Politikvorstellung, weder auf fixierten Regeln noch auf Prinzipien beruhend: „it must be opportunistic in the best sense oft he word, living by accomodation and good sense" (Skidelski 2010: 45). Keynes

„accepted the view he attributed to Burke that the aim of politics was (…) to faciliate the pursuit of ethical goods by members of the community by guaranteeing conditions of ‚physical calm, material comfort, and intellectual freedom‘. Up to the point, the requirements of welfare and ethical goodness coincide" (Skidelski 2010: 46).

Die diskretionäre Politik, wird Keynes in seinem ‚Tract on Monetary Reform‘ (1923) explizit, muss den Regierungen erlauben, Verträge zu revidieren. Besondere historische Situationen verlangen eigenständige Politiken. In der General Theory z.B. fordert er gegen die (monetäre) Euthanasie der Rentner, „making it impossible to take ‚usury‘ on loans" (Skidelski 2010: 48). Auf ein Schreiben seines französischen Korrespondenten, Marcel Labordere, der betonte, dass „stable fortunes, the hereditary permanency of families and sets of families of various social standings are an invisible social asset on which every kind of culture is more or less dependent", antwortet Keynes: „I fully agree with this" (Skidelski 2010: 48). Das sind keine arbiträren Äußerungen, sondern bei Keynes fundamentale *beliefs*, weil er die Wirtschaft als eine Versorgungsinstanz ansah, die das gesellschaftliche ‚ethical good‘ halten und entfalten solle. Was er bei dem Ethiker Moore als ethische *goodness* gelernt hatte, verschmilzt bei ihm zu einem klassisch zu nennenden Volkswirtschaftsgedanken, der sich von der heutigen Gewohnheit einer *economics* wesentlich darin unterscheidet, dass individuelle und

Gemeininteressen koinzidieren müssen. Demnach muss die Ökonomie reformiert werden, in eine neue Form der politischen Ökonomie, die dem Staat die Aufgabe zuweist, dann, wenn das Wohl der Bevölkerung gefährdet wird, eingreifen zu müssen: der Inhalt seiner General Theory. Insofern unterscheidet sich Keynes vom modernen Liberalismus. Aus dem klassischen Habitus des *gentleman*, in dem Keynes erzogen wurde, reformuliert er eine staatsinterventionistische Ökonomie, die sich allerdings nicht mehr auf die – ihm zu konservativen – Tugenden des Regierungspersonal verlassen will, sondern eine *reasoned policy* einführt: eine wohlinformierte rationale Politik, die auf theoretischer Basis weiß, welche Maßnahmen fiskalischer und vor allem geldpoliti-scher Art sie wann ergreifen muss, um den ‚stable future' und den ‚social asset' zu sichern. Keynes's *statesmanship* könnte sich mit der späteren Theorie der Koinzidenz von privaten und öffentlichen Gütern (Bergson; Samuelson 1954) nicht anfreunden, weil die öffentlichen Güter aus Wahl- und Abstimmungsprozessen entstammen. Er hält sich – in dieser Weise wieder sehr klassisch liberal – an eine aufgeklärte und theoretisch informierte Regierung, die ihre Maßnahmen unabhän-gig von politischen Wahloptionen und -rücksichten ausführt. Er denkt das Personal der Regierung als aufgeklärte Elite, die nicht konservativ nach Prinzipien regiert, sondern diskretionär opportunistisch-pragma-tisch, d.h. rational theorieinformiert.

Keynes Verhältnis zur Demokratie ist klassisch-elitär.

„Has the mass of people a right to direct self-government? Is it expe-dient and conductive to good government that there should be self-government? To both questions Burke had returned an ‚uncompro-mising negative'. In the first Keynes stood solidly with Burke. Government is simply a ‚contrivance of human wisdom' to ‚supply certain (...) wants; and that is the end of the matter'. *People are entitled to good government, not self-government*" (Skidelski 2010: 48; Hervorhebungen von B. P.).

Ein Ökonom, der eine General Theory schreibt, kann nicht davon aus-gehen, dass eine Demokratisierung der Politik die Anwendung und Durchsetzung einer solchen Konzeption durchhalten würde. Dazu braucht es einer autonomen und rationalen (technokratischen) Elite. Ob allerdings ‚self-government' nicht ein notwendiger Bestandteil eines ‚good government' sei, bleibt bei Keynes offen; jedenfalls geht er hierin über Burke hinaus. Er stimmt allerdings mit Burke überein, dass die Menschen unfähig sind, sich selbst zu regieren – die klassische Unterstellung des *gentleman*-Liberalismus –

> „and that Parliament must always be prepared to resist popular prejudice in the name of equity between individuals and classes. But he criticized Burke's ‚dream of a representative class', and said that he underestimated the educative value of self-government. (...) So far democracy had not disgraced itself. This was because ‚full force had not yet come into operation'. The existing system was oligarchic and plutocratic, rather than democratic. The assumption that it would continue in this way, with the addition of ‚technical expertise' was the Achilles' heel of Keynes's political theory" (Skidelski 2010: 48-49; vgl. auch Scherf 1986).

4.1   Neuer Liberalismus:
Individuelle Freiheit in einer subsidiären Gesellschaft

Was Robert Skidelski die Achillesferse Keynes' nennt, hat Keynes in seinem Aufsatz ‚Bin ich ein Liberaler' definiert: Die Fragen der Regierung nennt er eine langweilige, aber wichtige Angelegenheit. Die Regierung wird in Zukunft viele Aufgaben und Pflichten übernehmen, die sie bisher vermieden hat (Keynes 1985/1925a: 91). Der Satz ist signifikant, weil der die liberal geforderte Zurückhaltung des Staates revidiert. Die Revision ist radikaler als lediglich dem existierenden Staat neue Aufgaben zuzubilligen.

> „Für diese Zwecke werden Minister und Parlament ungeeignet sein. Unsere Aufgabe muß sein, zu dezentralisieren und zu übertragen, wo immer es möglich ist; und vor allem halb-unabhängige Körperschaften und Verwaltungsorgane einzurichten, denen die Pflichten der Regierung, alte und neue, anvertraut werden, ohne daß jedoch der demokratische Grundsatz oder die letztliche Oberhoheit des Parlaments beeinträchtigt wird" (Keynes 1985/1925a: 91).

Keynes entwickelt die Idee einer subsidiären Gesellschaft, in der untere Einheiten selbständig entscheiden. Das klingt – modern – nach Formen direkter Demokratie. Auf jeden Fall dekonstruiert Keynes hier das klassische Elitenmodell repräsentativer Demokratie (das er an anderer Stelle noch hochhält: ‚People are entitled to good government, not selfgovernment'), aber will keine allgemeine Demokratie einführen, sondern eine lokal gestaffelte (im Muster kommunaler Selbstverwaltungen). Keynes hält den *laissez-faire*-Individualismus und das freie Spiel wirtschaftlicher Kräfte für historisch erledigt (Keynes 1985/1925a: 93). Keynes lebt zugleich in einer Welt des Bolschewismus und des Faschismus; er hält sie für „Mißbräuche dieser Epoche im Bereich der Regierung" (Keynes 1985/1925a: 93), ebenso aber wie auch den libertären Kapitalismus.

> „Der Übergang von wirtschaftlicher Gesetzlosigkeit zu einer Ordnung, die bewusst auf Überwachung und Lenkung der wirtschaftlichen Kräfte im Sinne gesellschaftlicher Gerechtigkeit und gesellschaftlichen Gleichgewichts abzielt, wird ungeheure Schwierigkeit sowohl technischer wie politischer Natur darbieten. Trotzdem aber ist mein Vorschlag, das es die wahre Bestimmung des Neuen Liberalismus ist, ihre Lösung zu suchen" (Keynes 1985/1925a: 93).

Diese erstaunliche Definition des ‚neuen Liberalismus' findet sich eine Seite vorher bei der Erörterung der Lohnfrage, vor allem der der Frauen (Plan eines Familienlohns). Es wirft die

> „ganze Frage auf, ob Löhne durch die Kräfte von Angebot und Nachfrage, im Einklang mit den strenggläubigen Lehren des laisser-faire, festgesetzt werden sollen, oder ob wir beginnen sollten, die Freiheit dieser Kräfte durch Verweisung auf das, was unter Berücksichtigung alles Umstände ‚gerecht' und ‚vernünftig' ist, einzuschränken" (Keynes 1985/1925a: 92).

Was gewöhnlichen Liberalen als unzumutbar erscheinen mag, ist für Keynes 1925 notwendig zu ändern.

> „Wir müssen für ein neues Zeitalter neue Weisheit erfinden. Und in der Zwischenzeit müssen wir, wenn wir irgend etwas Gutes wollen,

unorthodox erscheinen, störend, gefährlich und ungehorsam gegenüber denen, die uns zeugten" (Keynes 1985/1925a: 94).

Das ist ein radikaler Mill'scher *non-conformism*, der 1. eine gewisse neue Demokratisierung der lokalen Entscheidungen – aber nur ihrer – propagiert und 2. eine neue politische Definition der Intervention zugunsten ,gesellschaftlicher Gerechtigkeit und des gesellschaftlichen Gleichgewichts' (Keynes 1985/1925a: 94). Die Freiheit kann nur soweit zugestanden werden, wie sie das ,good life' einer Gesellschaft fördert. Das erinnert an eine eigene Variante des benthamschen Utilitarismus, wie Keynes es im anderen Aufsatz: ,The end of laisser faire' formuliert (1926).

In diesem Aufsatz von 1926 entwickelt Keynes seine Idee der halbautonomen Körperschaft (mittelalterliche Formen selbstständiger Autonomie (Keynes 1985/1926: 111)). Keynes klingt, unbewusst natürlich, wie Hegels Konzept der neu formatierten Zünfte (aus der ,Philosophie des Rechts'). Ähnlich wie wir es bei Keynes lesen, geht bei Hegel die Freiheit nur soweit, wie sie Einsicht in die Notwendigkeit ihrer Bindung ist (als reelle Sittlichkeit). Die Freiheit, die Keynes' ,neuer Liberalismus' definiert, ist die Freiheit, die der Staat zulassen kann in Hinblick auf die Klärung der Fragen der ,good society'.

> „Unser Problem geht dahin, eine Gesellschaftsorganisation zu schaffen, die möglichst leistungsfähig ist, ohne dabei unsere Ideen über eine befriedigende Lebensführung zu verletzen" (Keynes 1985/1926: 116).

Alles, was die Verteilung dispariert, ist politisch neu zu regeln; die Freiheit der Märkte ist dem gesellschaftlichen Ziel unterzuordnen. Keynes' Umverteilung ist nicht als Sozialstaat konzipiert, sondern über arbeitsmarkt- und geldpolitische Eingriffe, das Lohnniveau zu halten. Nicht der Staat zahlt Subventionen oder organisiert Sozialversicherungen, sondern der Markt wird angehalten, notfalls intervenierend, das *social asset* zu bewahren. Für Keynes ist das *social capital* einer Gesellschaft identisch mit den Erwartungen einer anständigen Lebensführung. Keynes bezeichnet es als ,liberale Lösung', die Profite höher zu besteuern zur Finanzierung wohlfahrtsstaatlicher Maßnahmen, anstatt die Löhne zu erhöhen (Keynes 1981/1930).[2] Vielfältig redet Keynes über den „Verfall des individualistischen Kapitalismus", z.B. an dem für ihn überholten Konzept der Vererbung.

„Der Grundsatz der Vererbung für die Übertragung von Vermögen und Geschäftsleitung ist die Ursache, warum die Führerschaft der kapitalistischen Sache schwach und dumm ist. Sie wird zu sehr von Männern der dritten Generation beherrscht" (Keynes 1985/1925a: 88).

Die Aussage ist nicht lediglich polemisch, sondern gehört zu den Grundüberzeugungen Keynes': dass die Eliten nicht mehr taugen, individuelle und Gemeininteressen in Übereinstimmung zu bringen. Sie sind charakterlich nicht mehr auf dem Niveau der *gentleman*. Und sie sind ‚dumm', weil konzeptions- und theorielos. Keynes sieht sich als neue Eilte, die den Verfall aufhalten kann. Robert Skidelski fasst das in seiner großen Keynes-Biographie unter dem Titel: *the economist to rescue* (Skidelski 2003: 455-554).

Keynes' politisches Konzept, das er ‚neuer Liberalismus' nennt, verbindet zunehmende Freiheiten auf unteren Ebenen der Gesellschaft mit einer stark regulativen Regierung auf der oberen Ebene. Der Markt wird fiskalisch und geldpolitisch auf ein technokratisch durchzusetzendes Wohlfahrtsziel hin gesteuert. Zielkriterium sind normative Programme einer gerechten Gesellschaft, die nachhaltig den Lebensstan-

---

[2] „Wenn wir den Zustand der Arbeiterklasse verbessern wollen, ist es unzweckmäßig, dies mit der Methode zu versuchen, die die Belohnung des Kapitals unter das reduziert, was in anderen Ländern erhältlich ist. Oder jedenfalls, wenn wir diese Methode anwenden, müssen wir sie ergänzen, indem wir die bestehende Freiheit der Auslandsinvestitionen aufgeben oder einschränken. Denn es lohnt sich nie, den Unternehmer arm und schäbig zu machen. Es ist in der gegenwärtigen Gesellschaftsordnung unmöglich, das optimale Produktions- und Beschäftigungsniveau auf andere Weise zu sichern, als indem man dem Kapitalisten seinen vollen Satz und, wenn überhaupt, ein wenig mehr zahlt. (…) Kurz gesagt, wir dürfen die Gans, die das goldene Ei legt, nicht standfest machen, bevor wir entdeckt haben, wie wir sie ersetzen können. Wir müssen stattdessen ihre Eier besteuern." (Keynes 1981/1930: 11-12.; Übersetzung B. P.)

dard sichert, aber nicht als Sozialstaatsinstitution, sondern durch pragmatisch-opportunistische Politik, die den Konjunkturbewegungen steuert. Keynes kann sich nicht vorstellen, das durch demokratische Entscheidungen bewirken zu lassen. Er verhält sich hier in der Tradition des *wise statesman*, wie Adam Smith ihn konzipierte (vgl. die Artikel von W. Letwin, D. Winch und K. Haakonssen in: Haakonson, 1988). Dass die Massen befähigt seien, die komplexe Relation Wirtschaft/Gesellschaft je situativ zu entscheiden, liegt außerhalb seines staatsmännischen Horizontes; aber auch die Politiker – seine Polemik gegen die konservativen Herren, die England regieren, ist berüchtigt (Churchill (vgl. Keynes, 1985/1925b)) – sind unfähig zur Politik der Gerechtigkeitssteuerung. Seine General Theory entwirft ein ökonomisches Konzept der Steuerung, dass durch Politik nicht gefährdet werden dürfe, um erfolgreich zu sein (um es genau zu sagen: in der General Theory sind die wirtschaftspolitischen Empfehlungen sehr spärlich; erst später wurde daraus ein keynesianisches Wirtschaftspolitikkonzept). Zwischen der Skylla Konservatismus und der Charibis Sozialismus bewegt sich Keynes als dritter Halbgott, der das Schiff rettet.

Die ,unteren Freiheiten' sind aber auf eine Weise konzipiert, die uns heute fremd erscheint: als korporatistische Verbandswelt. Es geht nicht um mehr individuelle Freiheiten – die reserviert Keynes für die öffentliche Meinung und die Handhabung des eigenen Vermögens. Die Liste der Erfolge, die die Liberalen in England erreicht hätten, ist erstaunlich:

> „Bürgerliche und religiöse Freiheit, das Wahlrecht, die irische Frage, Selbstregierung abhängiger Gebiete, Rechte des House of Lords, steil gestaffelte Besteuerung von Einkommen und Vermögen, freigebiger Gebrauch öffentlicher Einkünfte für ,soziale Reform', das heißt für Versicherung gegen Krankheit, Arbeitslosigkeit und Alter, für Erziehung, Behausung und öffentliche Gesundheit, all diese Ziele, für die die liberale Partei gekämpft hat, sind erfolgreich durchgeführt, oder überholt" (Keynes 1985/1925a: 87).

Künftig sind für ihn die Frauenfrage (darin der Lohn für Frauen: Plan eines Familienlohnes), die Alkoholfrage etc. von Bedeutung (Keynes 1985/1925a: 91-92). Was hier unter ,Erfolge liberaler Politik' aufgelistet wird, sind, von heute aus betrachtet, sozialpolitische Themen.

Keynes ernennt die Liberalen *post festum* zu Sozialreformern: das Programm der sogenannten progressiven Liberalen, zu denen er sich zu Beginn zählte. Der ‚neue Liberalismus' sorgt sich hingegen im wirtschaftlichen Bereich um verbandliche Bereichsorganisation. Zustimmend zitiert Keynes Professor Commons Konzept der ‚Zeit des Gleichgewichtes':

„In diesem Zeitabschnitt gibt es eine Verminderung der persönlichen Freiheit, teilweise erzwungen durch Regierungsmaßnahmen, hauptsächlich aber durch wirtschaftlichen Druck mit Hilfe verabredeten Handelns, sei es geheim, halb offen, offen, schiedsgerichtlich, durch Vereinigungen, Körperschaften, Verbände, und andere gesamtheitliche Bewegungen von Gewerbetreibenden, Kaufleuten, Arbeitern, Bauern und Bankiers" (Keynes 1985/1925a: 93).

Um das zu verstehen, müssen wir uns des Europa der 20iger und 30iger Jahre erinnern, in denen in Deutschland, Italien, Österreich etc. korporatistische Ideen aufblühten und in gewissem Maße auch umgesetzt wurden. Keynes konnte das noch als historische Entwicklung verstehen, als großen Modernisierungsschritt in der Reorganisation der Wirtschaft der Gesellschaften, um wirtschaftliche Probleme strukturiert zu beheben. Was er in seinen kleineren Abhandlungen vorstellt, ist konzeptionell stärker durchdacht, als es den Anschein hat. Keynes geht auf Traditionsressourcen zurück: auf mittelalterliche Formen selbstständiger Autonomie" (Keynes 1985/1926; S. 111). 1926 präzisiert Keynes sein korporatistisches Meso-Konzept:

„Ich glaube, dass die ideale Größe für die Organisations- und Kontrolleinheit irgendwo zwischen dem Individuum und dem modernen Staat liegt. Daher glaube ich, dass der Fortschritt in der Richtung der Entwicklung und der Anerkennung halb-autonomer Körperschaften im Rahmen des Staates liegt; – Körperschaften, die in ihrem Wirkungskreis nur nach dem Kriterium des Allgemeinwohls (*public good;* B.P./J.K.) handeln, so wie sie es auffassen, und aus deren Erwägungen Motive privaten Vorteils völlig ausscheiden – wobei man ihnen allerdings in mancher Hinsicht, solange der menschliche Altruismus nicht gewachsen ist, für ihre Gruppe, Klasse oder Fakultät gewisse Vorteile belassen muss -; Körperschaften, die unter normalen Umständen innerhalb bestimmter Grenzen großenteils autonom sind, aber letzten Endes der Souveränität der Demokratie, die sich im Parlament verkörpert, unterstehen" (Keynes 1985/1926: 111).

Die halb-autonomen Körperschaften sind Formen, die Keynes ‚halb sozialisiert' nennt (u.a. beschreibt er die Entwicklung von Aktiengesellschaften als Institution, die sich mit der Zeit selber sozialisieren (Keynes 1985/1926: 112). Er präferiert sie, weil sie verhindern können, dass man Vollsozialisierungen unter zentraler Planung bekommt; das sozialistische Modell lehnt er, wegen der Insuffizienzen, die dadurch entstehen, ab (Keynes 1985/1926: 113).

Keynes' Ideen einer korporatistischen Gesellschaftsverfassung bezieht sich auf Traditionen der englischen Gesellschaft; Keynes zählt auf: „die Universitäten, die Bank of England, der Londoner Hafen, vielleicht sogar die Eisenbahngesellschaften" (Keynes 1985/1926: 113). Es sind klassische Institutionen der Herstellung öffentlicher Güter (ähnlich wie bei Adam Smith). Man darf nicht vergessen, dass der Sozialismus der englischen Fabians gildentheoretisch begründet war; Keynes steht hier in gewissen Theorietraditionen. Aber das Hauptmotiv für diese Erörterung ist die Überzeugung, dass der ‚individualistische Kapitalismus' historisch versagt hat; genauer betrachtet: auch konzeptionell.

„Wir wollen nunmehr gründlich mit den metaphysischen und allgemeinen Prinzipien aufräumen, auf die man von Zeit zu Zeit das Laissez-faire immer wieder aufbaut. Es ist nicht wahr, dass jedes Individuum eine vorgeschriebene ‚natürliche Freiheit' seiner wirtschaftlichen Tätigkeit besitzt. Es gibt keinen Vertrag, der denen, die schon besitzen oder die noch erwerben, ewige Rechte überträgt. Die Welt wird von oben her nicht so regiert, dass private und allgemeine Interessen immer zusammenfallen. Sie wird von unten her nicht so verwaltet, dass diese beiden Interessen in Praxis zusammenfallen. Aus den Prinzipien der Nationalökonomie folgt nicht, dass der aufgeklärte Egoismus immer zum allgemeinen Besten wirkt. Es ist auch nicht wahr, dass der Egoismus im allgemeinen immer aufgeklärt ist, meistenteils sind die Individuen, die einzeln ihre egoistischen Interessen verfolgen, zu unwissend oder zu schwach, um auch nur diese zu erreichen. Die Erfahrung lehrt nicht, dass Individuen, die sich zu einer gesellschaftlichen Gruppe zusammenschließen, immer weniger klarsichtig sind, als wenn sie einzeln handeln" (Keynes 1985/1926: 110).

4.2 Epistemologische Begründung des Neuen Liberalismus

Alle Fundamente des 19-Jahrhundert-Liberalismus werden dekonstruiert. Dafür werden Elemente des älteren *gentleman*-Liberalismus bewahrt: die Kritik des aufgeklärten Egoismus der rationalen Individuen ist die alte Kritik an der Unvernunft der Massen. Die Demokratisierung der Rationalität, die die Ökonomik Ende des 19. Jahrhunderts eingeführt hatte, erscheint Keynes als dystopisches Projekt. Er schlägt hingegen vor, dass die Individuen besser rational zu handeln in kleinen Gruppen historisch lernen, d.h. in selbst-verantwortlich autonom agierenden Verbänden, Körperschaften etc., in denen die Verantwortlichkeit nicht in der Anonymität des Marktes untergeht, sondern gemeinschaftlich zu bewältigen sei – eine Form des *institutional learning* in eigenverantwortlichen Kollektiven (eine Vorversion der *teamproduction* und *joint utility*, gekoppelt mit einem bei ihm unentfalteten Begriff des *social capital*; und eine Vorversion von Elinor Ostroms *commons*). Keynes hält die Einübung von Verantwortlichkeit für höherwertig als die individuelle Interessendurchsetzung. Die Einschätzung der generellen Ungewissheit der Individuen ist eine Herleitung aus seinen wahrscheinlichkeitstheoretischen Arbeiten, in denen die Unsicherheit/Risiko-Relation weniger bedeutsam ist als die Ungewissheit/Nichtwissen-Relation. Nur wo gewisse Stabilitäten des Handlungsraumes vorliegen, können Risiko-Wahrscheinlichkeiten eingesetzt werden. Der Markt aber ist ein Ungewissheitsraum. Nur die Einbindung von Individuen in kooperative Verbände kann sie lehren, stabile Erwartungsgleichgewichte auszubilden, die eine *convergence of beliefs* entwickeln (Arrow 1979), die sie lehren, einigermaßen rational zu handeln, ohne in Egoismen abzuleiten (man könnte auch D.C. Norths institutionenökonomische Konzeption der *shared mental models* anführen). Ansonsten ist der Umgang mit rationalen Entscheidungen ein Privileg der Entscheidungseliten.

Sie sehen, wie wir Keynes' Konzept des *institutional learning* der Massen als institutionentheoretische Version rekonstruieren können (er steht damit übrigens, ohne dass er das weiß und auch wissen wollte, der historischen Schule der deutschen Ökonomen, insbesondere Schmoller, nahe (Priddat 1995)). Keynes würde es weit von sich weisen, eine historische Methode anzuwenden, obwohl er es faktisch tut (vgl. seine Übernahme der drei Epochen wirtschaftliche Entwicklung von Commons (Keynes 1985/1925a: 92-95) und generell die theoriegeschichtliche Exposition in Keynes (1985/1926). Es ist aber, wenn man einen Vergleich wagen mag, eine Stadientheorie im Sinne Adam Smith's (vgl. Fitoussi 2008)). Die Maßnahmen, die Keynes vorschweben, sind bescheidener, als seine konzeptionelle Kritik vermuten lässt.

> „Viele der größten wirtschaftlichen Übel unserer Zeit entstehen aus Risiko, Unsicherheit und Unwissenheit. Teils dadurch, dass manche durch Glück oder Naturanlagen besonders begünstigte Individuen in der Lage sind, aus Unsicherheit und Unwissenheit der anderen Kapital zu schlagen, teils weil das Geschäft schon aus diesem Grunde häufig ein Lotteriespiel ist, entsteht die große Ungleichheit im Besitz; die gleichen Faktoren verschulden auch die Arbeitslosigkeit und den Niedergang von Arbeitskraft und Produktion. Das Heilmittel gegen diese Übel liegt aber außerhalb des individuellen Tätigkeitsbereiches (…). ich glaube, dass das Heilmittel zum Teil in der wohlüberlegten Kontrolle der Währungs- und Kreditfrage durch die zentrale Einrichtungen, zum Teil in der Sammlung und weiteren Bekanntmachung geschäftlicher Statistiken liegt, einschließlich der vollen Publizität aller wissenswerten geschäftlichen Tatsachen, die, wenn nötig, gesetzlich erzwungen werden müsste. Durch diese Maßnahmen wäre die Gesellschaft in der Lage, durch entsprechende Organe die geistige Führung bei inneren Komplikationen der Privatwirtschaft zu übernehmen, doch ohne das private Initiative und privater Unternehmensgeist durch sie angetastet würden" (Keynes 1985/1926: 113-114).

Es folgen Überlegungen im Sinne des ‚neuen Liberalismus',

> „ob die heutige Organisation des Anlagemarktes die Ersparnisse in der für die Nation produktivsten verteilt. Ich glaube, man sollte diese Dinge nicht ganz und gar dem Zufall der privaten Entscheidung und des privaten Gewinns überlassen, wie es heutzutage der Fall ist" (Keynes 1985/1926: 114).

Nebenbei zeigt sich hierin bereits der Beginn der Konstruktion einer Makroökonomik, die die aggregierten volkswirtschaftlichen Zustände behandelt, nicht die konkurrenten mikroökonomischen Interaktionen, die die Notwendigkeit der Ersparnis für arbeitsbeschaffende Investitionen in ihren Mikroegoismen nicht im Visier haben. Die General Theory ist der Versuch, die Ökonomik vom ‚individualistischen Kapitalismus‘ der Einzelinteressen auf das Niveau eines volkswirtschaftlichen Gesamtinteresses zu heben – die analytisch ausgefaltete Version der *gentleman*-Konzeption, wie wir es jetzt zu betrachten vermögen.

Man sieht wieder den probabilistischen Ausgangspunkt: weil die Individuen in Ungewissheit falsch handeln oder verlieren, müssen diskretionäre Politiken eingreifen, um ihnen das zu sichern, was sie eigentlich wollen: nachhaltigen Lebensstandard. Das Gewinnmotiv kommt bei Keynes verschiedentlich als Ursache der ‚inneren Komplikationen der Privatwirtschaft‘ vor (wir werden gleich lesen, dass die Liebe zum Geld in einem späteren Zustand des Kapitalismus aufgehoben werden möge). Andererseits sieht er „in der Abhängigkeit vom Stimulus der gelderwerbenden und geldliebenden Instinkte der Individuen (…) die Haupttriebfeder der Wirtschaftsmaschine" (Keynes 1985/ 1926: 115). Aber mit den Instinkten der Individuen/Massen kann man keinen leistungsfähigen Kapitalismus beibehalten: „Unser Problem geht dahin, eine Gesellschaftsorganisation zu schaffen, die möglichst leistungsfähig ist, ohne dabei unsere Idee über eine befriedigende Lebensführung zu verletzen" (Keynes 1985/1926: 116). Die Paradoxie zu bewältigen, will Keynes eine „Verbesserung der Technik des modernen Kapitalismus". Folglich schreibt er 1936 die General Theory.

Das Vertrauen auf die Selbstregulierung der Wohlfahrt der Gesellschaft durch den Markt ist bei Keynes verschwunden; konzeptionell geht er auf den älteren Liberalismus zurück, der die Freiheit der Interessen durch Bindung an Wohlfahrtsregulationen verknüpft, um das ‚oligarchische‘ bzw. ‚plutokratische‘ System der Politik, wie er es nennt, zu ersetzen. Er ist sich sicher, dass die Märkte den Abbau der Arbeitslosigkeit nicht aus sich heraus schaffen. Seine Vision des Kapitalismus speist sich aus anderen Zielen, die er in den „wirtschaftlichen Möglichkeiten für unsere Enkelkinder‘ (1930) skizziert.

4.3 *Good Society und materielles Wohlergehen*

Keynes hat eine ausgeprägte Vorstellung einer *good society*, der die Wirtschaft gleichsam nur eine dienende Funktion gegenüber einnimmt – die Ökonomen sollen nicht als Propheten einer besseren Welt sich gerieren, sondern eher als Zahnärzte der Heilung aktueller Schmerzen sich widmen (vgl. Scherf 1986: 151-164). Der handwerklich-technokratische Aspekt wird hervorgehoben. Das Ziel des Kapitalismus ist die Abschaffung der Arbeit (bis 2030) und die Beendigung der Gier nach Geld. Das Moorsche Ethik-Seminar in Cambrigde hat seine Spuren hinterlassen. Wer sich als technischer Direktor der Wohlfahrtserzielung beschreibt, muss ein Ziel haben, dass nicht aus der Fiskaltechnik allein sich herleiten lässt. Die *good society* ist keine reiche Gesellschaft, sondern eine, die allen nachhaltige Versorgung und Sicherheit bietet. Keynes' kann sich auf Marshall berufen, dass die Wirtschaftswissenschaft die Erforschung der ‚materiellen Voraussetzungen des Wohlergehens' betreibt, und nichts weiter. Seines Lehrers Konzept schließt sich den alteuropäischen Traditionen Aristoteles und des christlichen Europa an (Skidelski/Sikdelski 2013: 26). Die Frage der Neutralität der Ökonomie in Werturteilsfragen kann Keynes nicht verstehen: es geht ausschließlich um das gute Leben. Für alle Bürger. Das ist das Zugeständnis des *gentleman* an die vorherrschende Demokratie.

In seinem Aufsatz ‚die wirtschaftlichen Möglichkeiten für unsere Enkelkinder' (1930) – einem scheinbar schnell skizzierte kleinen Aufsatz – entwirft Keynes seine Utopie, die sich für ihn aus dem Wachstumspotential der damaligen Wirtschaftsgebilde ergibt. In einem Solow ähnlichen Wachstumsmodell (Skidelski/Skidelski 2013: Fn. 30; genauer: Ohanian 2008) zeigt er auf, dass in ca. 100 Jahren (2030) ‚das ökonomische Problem' gelöst sein würde (wenn keine Kriege stattfinden und kein Bevölkerungswachstum).

„Damit meinte Keynes, die Menschheit werden dann imstande sein, alle ihre materiellen Bedürfnisse mit einem Bruchteil des gegenwärtigen Arbeitsaufwandes zu befriedigen – höchsten drei Stunden täglich, damit ‚der alte Adam in uns (…) zufrieden ist'. Der Überfluss der Zeit könne zu einem ‚Nervenzusammenbruch jener Art' führen, der schon oft genug unter den Ehefrauen der wohlhabenden Klassen geschehen werden'. Aber Keynes hoffte, dass das nicht geschehen werde. Er blickt vielmehr auf eine Zeit voraus, in der die spontane, freudige Einstellung zum Leben, die noch den Künstlern und Freigeistern vorbehalten war, auf die gesamte Gesellschaft übergreifen würde" (Skidelski/Skidelski 2013: 30).

Fast ein shaftesburysches Programm der Ästhetisierung und Kultivierung der Sitten, gekoppelt mit einem Mußetheorem: der wahren Bildung menschlicher Kreativität. „In diesem Sinne ist Freiheit Verfügbarkeit für das Unwahrscheinliche" (Sloterdijk 2011: 58), d.h. Abkehr vom bloß Notwendigen. Keynes endet den Aufsatz wie folgt:

> „Ich sehe also für uns die Freiheit, zu einigen der sichersten und gewissesten Grundsätzen der Religion und der herkömmlichen Tugend zurückzukehren: dass Geiz ein Laster ist, das Verlagen von Wucherzinsen ein Vergehen, die Liebe zum Geld verächtlich, und dass diejenigen, die sich am wenigsten um den Morgen sorgen, am Wahrsten den Pfad der Tugend und maßvollen Weisheit wandeln. Wir werden die Zwecke wieder höher werten als die Mittel und werden das Gute dem Nützlichen vorziehen" (Keynes 1956/1930: 264).

Es sind aufklärerische Träumereien (im Tenor der *Theory of Man* von Fergueson und Hutcheson im 18. Jahrhundert), aber in eine Zeit verschoben, wo sie nicht mehr der Bildung einer Elite dient, sondern gesellschaftlich wirksam werden sollten. Es bleiben Träumereien, aber sie zeigen, wie Keynes den ‚neuen Liberalismus' versteht: als Fokussierung auf und Konzentration der Organisation der Wirtschaft, um über ‚anhaltende Vollbeschäftigung' den schnellsten Weg zu der Utopie sicherzustellen. „Keynes wollte sicherstellen, dass das kapitalistische System mit Volldampf arbeitet, um möglichst schnell den Tag zu erreichen, an dem es enden würde" (Skidelski 2010: 32). Die Freiheit, die Keynes im Auge hat, ist eine Rückkehr zu den alteuropäischen Tugenden. Darin bleibt er dem Burk'schen Konservatismus treu, bzw. der altliberalen Tradition der *gentlemanship*. Es ist eine Freiheit vom Zwang der Arbeit und des *Profitmaking*, keine aktuelle Liberalität, sondern eine, die durch eine wachstumstreibende Wirtschaftspolitik erst künftig erreichbar sein würde. Keynes stellte sich vor, dass am Ende des Kapitalismus das Vier- bis Fünffache des Einkommens der 20iger Jahre erreicht werden könne und das es dann ‚genug' sei (zur modernen, eher kritischen Einschätzung Pecchi/Piga 2008; auch Hagemann 2011). Er hatte die Vorstellung, das man für ein gutes Leben ein gewisses Einkommen braucht, mehr darüber hinaus aber nicht (Skidelski/ Skidelski 2013: 42; so wie Alfred Marshall meinte, 500 Pfund seien genug für einen denkenden Menschen; Virginia Wolf ebenfalls (Skidelski/Skidelski 2013: 43). Wir haben es nicht nur mit einer Vorform des Grundeinkommens zu tun, sondern vor allem mit einer Konzeption des ausreichenden Bedarfs, der keiner darüber hinausgehenden Bedürfnisse mehr bedarf (kritisch Hagemann 2011)). Freiheit hat für Keynes zwei Phasenzustände: 1. den aktuellen der Freiheit der Öffentlichkeit, aber nicht der Wirtschaft im Allgemeinen, und 2. die Freiheit als historisches Telos, die Arbeit abzuschaffen, die wirtschaftlichen Notwendigkeiten und die Zwänge, wie die wettbewerblichen Egoismen.

Der Kapitalismus ist für ihn eine anstrengende Zwischenepoche, das Ziel seiner Abschaffung zu erreichen. Auffällig ist die strukturelle Affinität zu Karl Marx' Idee des Kommunismus (nur das Keynes kein Wort über die Abschaffung des Privateigentum verliert). Aber die freie Welt der Tugenden und der Muße ist fast identisch mit dem, was Marx in den ‚Grundrissen' im Rahmen seiner ‚Ökonomie der Zeit' über die postkapitalistische Epoche – sparsam – anmerkt (Priddat 2005; man muss Marx wirklich lesen, nicht ihm irgendetwas Phantastisches zuschreiben. Der Kommunismus ist eine humanistische Bildungswelt, die auf der Mußevorstellung der endlich erreichten positiven Arbeitslosigkeit beruht, was eine vollautomatisierte Produktion voraussetzt. Die drei Stunden Arbeit, die Keynes postuliert, finden wir ebenso bereits in Marx' Utopie). Jean-Paul Fitoussi nennt Keynes' Konzept einen ‚elite communism' (Fitoussi 2008: 151-160). Es seien die Träume der ‚educated bourgeoisie' seiner Zeit, übertragen in eine spätere Phase allgemeiner Arbeitslosigkeit im Post-Kapitalismus. Gary S. Becker (und Luis Rayo) halten Keynes vor, dass der die Konsumentwicklung unterschätze und die Muße (leisure) ‚in the long run' überschätze (Becker/ Rayo 2008). Moderne Ökonomen haben durchgehend die Schwierigkeit, Keynes' Vision für realistisch und damit für akzeptabel zu halten (vgl. Phelps 2008; Becker/Rayo 2008; Boldrin/Levine 2008; Solow 2008). Man liest Keynes retrospektiv als eine Voraussage. Nur Baumol liest ihn anderes: fehlerhaft, aber die richtigen Fragen stellend

(Baumol 2008). Nur Fitoussi (und Phelps) stellen Keynes in den historischen Kontext.

Es geht nicht darum, ob Keynes eine allgemeingültige Theorie auf-
gestellt hat, sondern was er sich – in seiner Zeit, mit seiner Herkunft
und Bildung – als Ziel des Kapitalismus stellte. Allein diese Frage zu
stellen zeigt ihn in einer Geschichtsförmigkeit seines Denkens, das uns
heute fremd geworden ist, weil wir Wirtschaft als funktionales und
emergentes Phänomen analysieren. Während es für Keynes ein Medium der Zivilisation war, das so zu regulieren wäre, dass es seine
eigenen Potentiale voll zur Entfaltung bringen kann, um *in the long run*
in einem *steady-state* zu enden, der alle Menschen zufrieden stellt.
Keynes denkt die Ökonomie aus der Tradition einer *theory of man* als
eine *civilizing agency*, nicht als Traum der materialen Extension.

Man darf nicht vergessen, dass Keynes, bevor er den Aufsatz
schrieb, ihn 1928 in Cambridge vor Studenten als Vortrag hielt, die
mehrheitlich vom kommunistischen Ideal angetan waren. Er lieferte
ihnen eine nicht-revolutionäre Utopie ähnlicher Observanz, nun aber
als Resultat eines voll entwickelten Kapitalismus dargeboten. Es ist ein
Kommunismus ohne Revolution mit Privateigentum. Und zugleich eine
Utopie der Freiheit (von Arbeit), als Quintessenz des ‚neuen Liberalismus‘ konzipiert, der, um das erreichen zu können, zwischendurch staatliche Regulierungen notwendig einführen muss, um die Wachstums-
potentiale, die durch den Markt selber nicht forciert werden, nachhaltig
hochzufahren. Die damals aktuelle Einschränkung der Wirtschaftsfreiheit ist die paradoxale Konsequenz als Bedingung der Möglichkeit der
Herstellung der Freiheit – in der nächsten und finalen Epoche des Kapitalismus (die in einem *steady-state-growth* endet – eine seltsame Koinzidenz mit modernen Postwachstums-Theorien).

Die Wirtschaftsfreiheit muss gezügelt werden, damit das Ziel, die
kulturproduktive Arbeitslosigkeit und Entlastung der Menschen, erreicht wird, das erst die Freiheit der Entfaltung des Lebens gewährleistet, d.h. sich höheren Zwecken widmen zu können als den wirtschaftlichen (den ‚higher activities‘, die Marshall schon zum Telos der Ökonomie erklärte; ebenso Marx). Das sind Ideen Ruskins und anderer,
auch der frühen Fabians: eine humanistische Welt, die die große Ar-
beitsanstrengung des Kapitalismus als eine Epoche hinter sich lässt, um

das Ziel der Politik zu erreichen, das die Antike Europa vorgegeben hatte: die Zeit der Muße und der gebildeten Gestaltung des eigenen Lebens (Aristoteles' *schole* und *eudaimonia/eupraxis* als alteuropäisches Modell). Erst unter diesen entwickelten Bedingungen begönne die Freiheit der Menschen, nicht nur der Eliten und der *non-conformists*. Wozu sonst Wirtschaft, könnte man Keynes Haltung resümieren.

Der Aufsatz von Keynes 1930 wurde fast völlig ignoriert (Skidelski/Skidelski 2013: 32; zur kritischen Einschätzung: Skidelski/ Skidelski 2013: 32-63; Hagemann 2011; Pecchi/Piga 2008). Er zeigt aber die Grundhaltung Keynes', der als Liberaler meint, eine zentrale wirtschaftspolitische Lenkung einführen zu müssen, um das, was der Markt selber nicht aus sich heraus leistet – das große, aber falsche Versprechen des liberalen Kapitalismus – so zu organisieren, dass später eine neue liberale Welt für alle entstehen könnte. Es ist ein zeitdifferentielles Konzept des Liberalismus, gleichsam eine Zwei-Phasen-Realisation der Idee, als historische Methode. Man darf aber nicht übersehen, dass Keynes eine liberale Öffentlichkeit jetzt schon für erreicht hielt.

4.4 Die ökonomischen Grundlagen der Freiheit

Mit dem 20. Jahrhundert bricht für Keynes eine neue ökonomische Epoche an, in der soziale Gerechtigkeit und soziale Stabilität zum zentralen Ziel der Wirtschaftspolitik werden müssen. Aufklärung und Emanzipation haben einen gesellschaftlichen Wandel angestoßen, der eine neue Gesellschaftsordnung notwendig werden lässt, die zu einer „good society" führt und auch ein individuelles „good life" für jedermann ermöglicht. Eine solche moderne und freie Gesellschaftsordnung muss als neuer Weg in Abgrenzung, sowohl zum Faschismus als auch zum Sozialismus entwickelt werden und kann nur im politischen Prozess entstehen. Keynes grenzt seinen neuen Weg klar ab, wenn er (Keynes 1985/1925a: 95) schreibt:

„Der Sozialismus bietet keinen mittleren Weg. Der Übergang von wirtschaftlicher Gesetzlosigkeit, dem Laissez-faire-Individualismus, zu einer Ordnung, die bewusst auf eine Überwachung und Steuerung der wirtschaftlichen Kräfte im Sinne gesellschaftlicher Gerechtigkeit und gesellschaftlichen Gleichgewichts abzielt, wird ungeheure Schwierigkeit sowohl technischer als auch politischer Natur darbieten. Trotzdem aber ist mein Vorschlag, dass es die wahre Bestimmung des Neuen Liberalismus ist, ihre Lösung zu suchen."

Der Neue Liberalismus ermöglicht eine freie Gesellschaftsordnung im Sinne einer „good society". Voraussetzung für eine solche moderne und freie Gesellschaft ist eine wirtschaftliche Stabilität, die soziale Sicherheit mit sozialer Gerechtigkeit vereinbart. Das Ziel keynesianischer Wirtschaftspolitik ist daher Vollbeschäftigung auf einem Einkommensniveau zu erreichen, das ein individuell definiertes „good life" ermöglicht. Um dieses Ziel zu erreichen bedarf es nach Keynes' Auffassung neuer wirtschaftspolitischer Ansätze, die nur auf Grundlage neuer wirtschaftlicher Theorien entwickelt werden können (Keynes 1985/1925a). Keynes entwirft damit ein wirtschaftspolitisches Selbstverständnis, das die Wirtschaftspolitik zur Grundlage einer neuen freien Gesellschaft macht, ohne dabei der Wirtschaftspolitik zuzutrauen zu definieren, was ein gutes und freies Leben ausmacht.

Es geht Keynes um eine Wirtschaftsordnung, die die wirtschaftlichen Grundlagen für eine freie Gesellschaft bietet, in der jeder einzelne ein gutes Leben führen kann. Persönlich hat Keynes das gute Leben als ein tugendhaftes definiert. Sein Entwurf einer Wirtschaftsordnung überlässt es den Akteuren jedoch für sich selbst, die Komponenten eines guten Lebens im Rahmen dieser Wirtschaftsordnung zu definieren. Damit erkennt Keynes an, dass jede Wirtschaftsordnung immer auch normativ ist. Er lehnt jedoch staatlich Zugriffe auf der individuellen Ebene strikt ab (1930). Dies spiegelt sich auch in seinem ökonomischen Menschenbild wider. Im Gegensatz zur Klassischen Nationalökonomie, aber auch zur Neoklassik bietet Keynes keine rationale Akteurstheorie an (vgl. Davis 2003: 35-39; Binmore 2009; Dow 2013). Die den Entscheidungen der Wirtschaftssubjekte zugrundeliegenden Motive oder auch der Standard (rational) nach denen sie getroffen werden, sind für die keynesianische Theorie nicht entscheidend. Anstatt die Rationalität zum allgemeingültigen Prinzip zu erheben, erkennt Keynes an, dass Entscheidungen aus vielen verschiedenen Motiven heraus auf sehr unterschiedliche Weise getroffen werden können. Dennoch haben die handlungsleitenden Motive und entscheidungsrelevanten Erwartungen der Akteure in der keynesianischen Theorie bedeutenden Einfluss auf die wirtschaftliche Entwicklung (1936: 147-164). So unterscheidet Keynes z.b. bei der Geldnachfrage nach dem Vorsichts- und dem Spekulationsmotiv (1936: 194-209). Und auch die Konsumneigung der Akteure ist von verschiedenen Einflussfaktoren abhängig. Und besonders in den Situationen, in denen die Unsicherheit über die Zukunft besonders groß ist, z. B. bei Investitionen argumentiert Keynes, dass Entscheidungen aus dem Bauch heraus getroffen werden, oder von psychologischen Faktoren abhängen.

> „Most, probably, of our decisions to do something positive, (…) can only be taken as a result of animal spirits – as a spontaneous urge to action rather than inaction (…)." (1936: 161)

Diese Überlegungen veranlassten Keynes dazu sich gegen eine allein zweckrationale Entscheidungs- und Handlungstheorie zu wenden. Anstatt die Rationalität als normatives Kriterium für die Entscheidungsfindung, aber auch als allgemeingültige Beschreibung für wirtschaftliche Entscheidungen in seine theoretischen Überlegungen mit einzubeziehen, verzichte Keynes auf eine individuelle Entscheidungstheorie und auch auf ein normatives Kriterium für im Sinne der Wirtschaft gute Entscheidungen. Für Keynes ist es ausreichend, dass Menschen Entscheidungen treffen und hierfür mehr oder weniger rationale, begründete oder auch außer rationale Motive haben.

Auch die Schaffung der wirtschaftlichen Voraussetzungen für eine freie Gesellschaft obliegt allein der Wirtschaftspolitik und wird von Keynes als notwendige Bedingung für das Erreichen einer neuen Gesellschaftsordnung beschrieben, „Ich darf mich nun der größten aller politischen Fragen, der wirtschaftlichen zuwenden, über die ich am zuständigsten bin." (Keynes 1985/1925a: 86)

Keynes definiert seinen Neuen Liberalismus als Alternative zu Sozialismus und Laissez-faire Kapitalismus oder wie er es nennt „Historischer Liberalismus". Als wirtschaftliche Grundlage für einen solchen Neuen Liberalismus sei eine Planwirtschaft ungeeignet. Keynes spricht (1985/1925a) sich auch aus epistemologischen und politischen Gründen für eine marktwirtschaftliche Wirtschaftsordnung als Grundlage des Neuen Liberalismus aus, die in Zeiten der wirtschaftlichen Instabilität staatliche Interventionsmöglichkeiten vorsieht Als geeignete Mittel beschreibt Keynes Geldpolitik und staatliche Investitionen in öffentliche Güter. Weder die Subventionierung einzelner Branchen noch staatliche Eingriffe in die Preisbildung sind für Keynes legitime Mittel zur Stabilisierung der Wirtschaft. Vermutlich hätte Keynes derartige steuernde Eingriffe in den Marktmechanismus sogar abgelehnt, weil dadurch die marktwirtschaftliche Ordnung gefährdet würde. Ähnlich wie Hayek (2001/1944) und Schumpeter (2008/1942), sieht Keynes (1936) die schöpferische Kraft, die die Marktwirtschaft trägt, auf individueller und nicht auf staatlicher Ebene. Er betont daher die Bedeutung des Unternehmers und seiner Freiheit für die Ausweitung des Wohlstandes, welche für das Erreichen einer freien Gesellschaft unabdingbar ist. Die korporatistische Zwischenform, die er in den 20er Jahren konzeptionell einführt, kommt in den späteren Schriften nicht mehr vor. In ihr war die unternehmerische Freiheit verbandstrukturiert, die gilden- oder zunftartig ihr unternehmerisches Handeln an Allgemeininteressen binden sollten. In der *General Theory* von 1936 übernimmt die rationale Politik diese Funktion.

Keynes' Neue Wirtschaftsordnung ist eine marktwirtschaftliche, die den freien Unternehmer als ihren Motor begreift. Die Aufgabe des Staates ist es, den Ordnungsrahmen der Wirtschaft so zu setzen, dass diese möglichst schwankungsfrei die wirtschaftlichen Grundlagen für eine freie Gesellschaft bereitstellt. Jedwede direkte staatliche Einflussnahme in die Wirtschaft lehnt Keynes ab, zumindest solange die Wirtschaft im Stande ist, die Grundlagen für soziale Gerechtigkeit und Sicherheit bereitzustellen. Dies ist dann der Fall, wenn alle Menschen die arbeiten wollen, auch arbeiten können und sich durch ihre Arbeit in dem Maße selbst versorgen können, dass sie nicht als unfrei angesehen werden müssen. Dominante Ziele der keynesianischen Wirtschaftspolitik sind daher Wirtschaftswachstum bei Vollbeschäftigung, das zu sozialer Sicherheit führt und soziale Gerechtigkeit zulässt.

Lässt die wirtschaftliche Lage hingegen die individuelle Selbstverwirklichung nicht zu, sodass die Arbeitslosigkeit hoch ist, die Löhne unzureichend sind oder die Wirtschaft schrumpft, ist für Keynes eine staatliche Intervention nicht nur legitim sondern notwendig. Aber auch dann, wenn die wirtschaftlichen Voraussetzungen für eine freie Gesellschaft nicht gegeben sind, lehnt Keynes eine direkte staatliche Einflussnahme im Sinne einer Planwirtschaft ab. Keynes unterscheidet zwei mögliche Instrumente der Einflussnahme. Die Zeit, in der Keynes seine Wirtschaftstheorie entwickelte, war geprägt von hoher Inflation und Arbeitslosigkeit. Diese Erlebnisse beeinflussten auch seine Vorschläge für eine stabilisierende Wirtschaftspolitik. Als Ursache für die schlechte konjunkturelle Lage der 1920er und der Nachkriegszeit, sah Keynes die Instabilität der Währung und eine zu geringe gesamtwirtschaftliche Nachfrage. Sodass Keynes neben der Geldpolitik auch die staatliche Güternachfrage als Mittel erkannt hat, um die wirtschaftliche Lage zu verbessern. So solle der Staat in konjunkturell schlechten Zeiten öffentlich Güter nachfragen, um die durch die mangelnde private Nachfrage entstandene Nachfragelücke zu schließen. Dabei kam es ihm nicht in den Sinn, dass der Staat Güter nachfragte, nur weil es bei ihrer Produktion einen Überschuss gab oder bestimmte Teile der Wirtschaft subventioniert oder gar in ihre Planung eingriff. Einzig sollte der Staat, eben die Güter und Dienstleistungen nachfragen, die er am dringendsten benötigte und die dem Gemeinwohl dienten (z.b. Schulen, Lehrer, Straßen, Gesundheitsleistungen etc.) (Keynes 1985/1925a). Die Verteilung des durch die staatliche Nachfrage entstandenen Wohlstandes sollte also auch nach Keynes' Vorstellung durch den Marktmechanismus organisiert werden (1936; 1937).

Die theoretischen Grundlagen, aus denen Keynes seine wirtschaftspolitischen Erkenntnisse ableitete, legte er in den 1920er und frühen 1930er Jahren. In seinem 1923 veröffentlichten Buch „A Tract on Monetary Reform" argumentiert Keynes für eine Steuerung der Wirtschaft durch geldpolitische Maßnahmen. Er zählt damit zu den prominentesten Befürwortern des Monetarismus, demzufolge die Regierung eines Landes die wirtschaftliche Entwicklung allein durch Geldpolitik steuern kann. Heute zielen geldpolitische Maßnahmen auf die Veränderung realer Größen hin. So sollen z.B. durch einen niedrigen Leitzins Investitionen erleichtert werden, um die Gesamtproduktivität der Volkswirtschaft zu steigern. Keynes hingegen hat nicht die staatliche Steuerung der volkswirtschaftlichen Gesamtleistung vor Augen, wenn er sich für eine steuernde Geldpolitik ausspricht, sondern die Reduktion von Unsicherheit, was dadurch erreicht werden kann, dass das Preisniveau stabil ist. Um die Geldwertstabilität zu erreichen, schlägt Keynes vor, das Zinsniveau der gesamtwirtschaftlichen Entwicklung anzupassen und den Wechselkurs der Staatswährung stabil zu halten. Das Buch enthält somit keine bedeutenden theoretischen Neuerungen im Bereich der Geldtheorie und dennoch ist es revolutionär in dem Sinne, als das Keynes sich für eine aktive Geldpolitik durch die Regierung ausspricht (vgl. Blaug 1990: 6).

Ziel dieses Monetarismus keynesscher Ausprägung ist allein die Sicherung der individuellen Freiheit durch die Förderung der gesamtwirtschaftlichen Entwicklung. Indem durch geldpolitische Maßnahmen das Preisniveau stabil gehalten wird, kann der Marktmechanismus seine Allokationskraft entfalten. Gleichzeitig wird durch die staatliche Geldpolitik die Unsicherheit über die Preisniveauentwicklung verringert oder im Idealfall aufgehoben. Darüber hinaus kann Geld, bei korrekter staatlicher Steuerung, nicht als Spekulationsobjekt missbraucht werden, um sich als Individuum auf Kosten der Gesellschaft zu bereichern. Dies dient der positiven gesamtwirtschaftlichen Entwicklung, da monetär induzierte Konjunkturschwankungen verhindert oder abgemildert werden können. Die Freiheit des Individuums wird Keynes' Argumentation folgend in zweifacher Hinsicht gestärkt. Zum einen hat jeder bei einer positiven gesamtwirtschaftlichen Entwicklung eine bessere Einkommenssituation, welche dem Einzelnen Wahlfreiheiten eröffnet. Und zum anderen muss keiner einen Verlust seines Vermögens oder Einkommens durch Inflation befürchten. Die Verringerung der Unsicherheit, die durch ein stabiles Preisniveau entsteht soll also eine indirekte positive Wirkung auf die Entwicklung der Volkswirtschaft entfalten. Nach Keynes soll der Staat nicht direkt regulierend in den Wirtschaftskreislauf eingreifen, um das Produktionsniveau zu steigern. Eine strategische Leitzinspolitik, wie wir sie heute als monetaristische Maßnahme verstehen, wäre also nicht nur nicht in Keynes Sinne, sie widerspricht sogar fundamental Keynes liberalem Ansatz.

In seiner „A Treatise on Money" (1930), wiederholt Keynes sein Plädoyer für die Geldwertstabilität durch staatliche Geldpolitik. In der General Theory (1936) hingegen, die sich neben der Theoriebildung vornehmlich mit wirtschafts- und geldpolitischen Maßnahmen während wirtschaftlicher Rezessionen und Krisen befasst, erweitert er die Ziele der Geldpolitik und fordert nun auch realwirtschaftliche Größen durch geldpolitische Maßnahmen zu steuern. Ein durch geldpolitische Maßnahmen angestoßener Wachstumsimpuls könne jedoch nur als zeitlich beschränktes Mittel zur Eindämmung einer Rezession betrachtet werden (1985/1925a; 1936; 1937). Scheinbar weicht Keynes hiermit von seinem ursprünglich liberalen geldpolitischen Ansatz ab. Bei genauerer Betrachtung wird jedoch deutlich, dass Keynes eine solche, die Realwirtschaft direkt steuernde Geldpolitik nur für den Fall der Krise vorgesehen hat, um kurzfristig einer Ausbreitung dieser entgegenzuwirken. Ziel dieser stabilisierenden Geldpolitik ist es, Ungewissheit über die Zukunft und das individuelle Einkommen zu verringern und so die individuelle Freiheit zu stärken. Nach Keynes' Staatsverständnis, ist es die Aufgabe einer guten Regierung, Krisen zu vermeiden, um langfristige eine positive wirtschaftliche und freiheitliche Entwicklung zu ermöglichen. Allein aus dieser Haltung heraus ist es in Krisenzeiten legitim, durch Geldpolitik steuernd einzugreifen und nicht weil eine staatlich gesteuerte Wirtschaft, wie in der Planwirtschaft, der marktwirtschaftlichen Organisation vorgezogen wird.

Besonders in seiner „General Theory" (1936) und dem dazugehörigen Aufsatz „The General Theory of Employment" (1937) entwickelt Keynes, die theoretischen Grundlagen für wirtschaftspolitische Maßnahmen in Rezessionen oder Wirtschaftskrisen und zeigt, wie Geldpolitik und Staatsnachfrage zur Stabilisierung der Wirtschaft genutzt werden können.

Ausgangspunkt von Keynes' (1937: 221) Theorie ist, „(...) given the psychology of the public, the level of output and employment as a whole depends on the amount of investment." Er argumentiert weiter

„(...) aggregate output depends on the propensity to hoard, on the policy of the monetary authority as it affects the quantity of money, on the state of confidence concerning the prospective yield of capital-assets, on the propensity to spend and on the social factors which influence the level of the money-wage. But of these several factors it is those which determine the rate of investment which are most unreliable, since it is they which are influenced by our views of the future about which we know so little." (Keynes 1937: 221)

An dieser Stelle unterstreicht Keynes die Bedeutung der Ungewissheit für die wirtschaftliche Entwicklung. Eben diese Ungewissheit macht das Entscheiden auf individueller Ebene so anspruchsvoll und ist Garant dafür, dass viele unsere Erwartungen nicht eintreffen, so dass Fehlinvestitionen und gesamtwirtschaftliche Schwankungen eine erwartbare Folge sind (Keynes 1936: 154). Aber auch auf staatlicher Ebene erweist sich die Ungewissheit als eine unüberwindbare Herausforderung, sodass eine staatliche Steuerung der Wirtschaft ebenso unmöglich ist wie eine schwankungsfreie Marktwirtschaft. Diese beiden Gedankengänge spiegeln sich in Keynes Wirtschaftstheorie wieder, über die er (1937: 221) schreibt: „This that I offer is (…) a theory of why output and employment are so liable to fluctuation. It does not offer a ready-made remedy as how to avoid these fluctuations and to maintain output at a steady optimum level." Nach diesen Worten wäre es grundlegend falsch, Keynes planwirtschaftliche Tendenzen zu unterstellen.

Wenden wir uns nun seiner Theorie zu. Nach Keynes bestimmt die gesamtwirtschaftliche Nachfrage die volkswirtschaftliche Gesamtleistung und damit das Beschäftigungsniveau (1937). Wobei die gesamtwirtschaftliche Nachfrage von der Konsumneigung, der Nachfrage nach Investitionsgütern und der Sparneigung abhängig ist (1936). Ist die gesamtwirtschaftliche Nachfrage also zu gering, um Vollbeschäftigung zu ermöglichen, kann dies drei mögliche Ursachen haben. Entweder werden zu wenige Investitionsgüter nachgefragt oder die Menschen konsumieren zu wenig und sparen zu viel. Die Nachfrage nach Investitionsgütern ist nach Keynes hauptsächlich von den individuellen Erwartungen über die Zukunft, dabei vor allem von den Erwartungen über die Geldwertstabilität und die gesamtgesellschaftliche Entwicklung, sowie der Einschätzung der Wirtschaftlichkeit der Investition und damit auch von den Zinsen abhängig. Ähnliches gilt auch für die Sparneigung. Menschen sparen ihr Geld in wirtschaftlich instabilen Zeiten, weil sie die Wirtschaftlichkeit von Investitionen nicht gut genug einschätzen können oder aus Spekulationsgründen, weil der Geldzins über dem erwarteten Investitionszins liegt. Die Konsumneigung ist durch die Investitionsneigung und die Sparneigung limitiert und darüber hinaus vor allem von persönlichen Präferenzen abhängig. Will man nun also, wie Keynes es vorschlägt, die gesamtwirtschaftliche Nachfrage stärken, gibt es drei mögliche Instrumente, um die Gesamtnachfrage zu steigern. Grundsätzlich wirkt sich die Reduktion der Unsicherheit positiv auf das Investitions- und Konsumverhalten der Menschen aus, sodass auch in Krisenzeiten der ordnungspolitische Rahmen der Wirtschaft aufrechterhalten und gegebenenfalls ausgebaut werden muss. Geldpolitik kann mit zwei unterschiedlichen Zielen verfolgt werden. Zum einen kann weiterhin das Ziel der Geldwertstabilität verfolgt werden, um Sicherheit zu schaffen. Oder es findet eine gezielte Zinspolitik statt, die die Investitionstätigkeit erhöht. Hierfür kommen vor allem Zinssenkungen in Frage. Diese Politik bleibt jedoch wirkungslos, wenn die allgemeine Unsicherheit so groß ist, dass die Menschen allein aus Vorsichtsgründen nicht investieren. Als drittes mögliches Instrument bleibt die Steigerung der Nachfrage sowohl im Konsum als auch im Investitionsgütermarkt. Um dies zu erreichen, gibt es wiederum zwei mögliche wirtschaftspolitische Maßnahmen. Zum einen kann der Staat durch Steigerung seiner eigenen Nachfrage die gesamtwirtschaftliche Nachfrage steigern. Zum anderen ist es möglich durch eine Steigerung der Privateinkommen, z. B. durch Steuersenkungen oder Lohnsteigerungen, indirekt eine Steigerung der gesamtwirtschaftlichen Nachfrage zu erreichen.

Keynes Liberalismusverständnis bildet sich also auch in seiner ökonomischen Theorie und den daraus abgeleiteten möglichen staatlichen Interventionsmöglichkeiten im Fall einer wirtschaftlichen Rezession wieder. Dabei verwischt die Trennlinie zwischen einer rein ordnungspolitischen und einer interventionistischen Wirtschaftspolitik. Keynes überlässt es der politischen Willensbildung, zu entscheiden, wann Eingriffe in die freie Marktwirtschaft legitim sind. Damit hat er die wohl bedeutendste theoretische wie auch praktische Anleitung für eine nicht liberale Wirtschaftspolitik gelegt, denn es kann nicht davon ausgegangen werden, dass sich die Nutzer seiner Theorie der selben liberalen Haltung eines Gentleman verschrieben haben wie er selbst.

4.5 Wozu Ökonomie?

Keynes ist ein ‚doppelter Liberaler', um den Widerspruch zu kennzeichnen. Er steht nicht nur in der Mill'schen Tradition der liberalen Öffentlichkeit, sondern betont, gerade in den späteren Theorien jenseits der 20er Jahre, die staatlichen Regulationen und Interventionen solchermaßen, dass die individuelle unternehmerische Freiheit möglichst gewahrt bleibt (außer in Krisenfällen). Seine Wirtschaftspolitik hat allerdings meritorische Züge, wenn sie die Märkte dahin lenken will, die allgemeine Beschäftigung zu sichern (was wiederum erst der allgemeinen Bevölkerung die Freiheit gibt, ein einigermaßen gesichertes Leben zu führen). Er hält die Freiheit für keine natürliche gesellschaftliche Form, sondern ihre Bedingungen müssen immer wieder hergestellt werden. Hier kommt das elitäre Moment zutage: die Herstellung der Freiheit durch Wirtschaftspolitik letztlich als Elitenaufgabe. Es reicht nicht, der Politik diese Aufgabe zu überlassen, wenn sie nicht durch eine Theorie angeleitet wird (die wiederum ihr eigenes rationales Personal haben muss: Theoretiker wie Keynes).

In den 20er Jahren ist er skeptischer, ob die Marktfreiheit ausreicht, den Kapitalismus auf den Weg einer *good society* zu bringen. Im Konzept des ‚neuen Liberalismus' werden Freiheiten sogar eingeschränkt, wenn sie das allgemeine Wohlfahrtsprojekt gefährden. Der Umschlag von seinen korporatistischen Phantasien in die *General Theory* muss so interpretiert werden, dass er sich auf das *self-government* der lokalen Verbandseinheiten fortan weniger verlassen möchte als auf eine zentrale Wirtschaftspolitik – seine *gentleman*-Skepsis gegenüber den Massen und auch gegenüber dem potentiell unmäßigen Erwerbsmotiv, das jedes *public good* ausblenden kann, bleibt bestehen. Die *General Theory* ist das Symbol des Sieges der technokratischen Vernunft gegenüber der Zwischenattitude, den Gruppendynamiken ordnende Funktion zuzusprechen. Deshalb kann er in den 30er Jahren wieder die Freiheit der Unternehmer zugestehen, weil er deren zentrale Regulierung einsetzen kann, wenn es wirtschaftspolitisch nottut – für einen, der sich als aufgeklärte Elite denkt, die sicherere Option. Dem zwischenzeitlich von ihm selbst favorisierten Korporatismus gegenüber wird er misstrauisch; vielleicht spielen hier Erfahrungen mit dem Faschismus und dem sich neu organisierenden Nazi-Korporatismus mit hinein.[3]

Doch sind das nur Zwischenstufen in Hinblick auf eine historische Entwicklung; notwendige Zwischenstufen, damit die Produktivität sich optimal steigern kann, um das Ende der Geschichte (und damit der Ökonomie) zu erreichen, das in der Abschaffung der Notwendigkeit der Arbeit beruht. Die dann erreichte Freiheit ist eine zweite Freiheitsform, die, ähnlich Marx', das Reich der Notwendigkeit hinter sich lassen kann. Wenn wir zwischen einer relativen Freiheit, die je aktuell schon realisiert werden sollte (vgl. oben insbesondere den letzten Abschnitt), und einer absoluten Freiheit unterscheiden, die am Ende der Geschichte erst erblühen kann, sehen wir Keynes' *gentleman*-Modell als verallgemeinerte Fassung für jeden Menschen: dass er materiell gesichert sich den höheren Tätigkeiten widmen kann, die ihn aus der Unfreiheit des notwendigen Einkommenserwerbs befreien. Wir haben es, wie zwischendurch schon angemerkt, mit einer kapitalistisch ausformulierten Koinzidenz mit dem zu tun, was Marx als ‚Communismus' versprach. Mit einer Welt der Freiheit der individuellen Kreativität, in der Keynes, wie selbstverständlich, sein Ideal einer Lebensform verallgemeinerte.

Daran bemerkenswert ist die Einschätzung, dass die Ökonomie nicht als Naturnotwendigkeit betrachtet wird, sondern als eine historisch vorübergehende Form, der wir uns entledigen können, wenn der technische Fortschritt ein bestimmtes Niveaus erreicht hat, das ‚die Wirtschaft' auf das degradiert, was die *gentlemen* immer schon favorisierten: auf das Niveau einer Versorgungsinstanz, als Basis der Freiheit des eigentlichen Lebens – einer nicht-kommunistischen *non-market-economy*. Vielleicht ist Keynes der letzte Protagonist einer alten Kulturvorstellung mußefähiger Bildungseliten. Wir sind inzwischen mehr auf seine Zwischenfreiheitskonzeption ausgerichtet als auf sein Telos der Geschichte. Die Erwartungen an den Kapitalismus haben sich gesenkt (Priddat 2012c) (ebenso wie an den Sozialismus). Wir richten uns

---

[3] Keynes Anmerkung im Vorwort zur deutschen Ausgabe der *General Theory*, daß ein totalitäres Regime (*a totalitarin state*) besser geeignet wäre für seine Wirtschaftspolitik, wird von Schefold und Hagemann in Zweifel gezogen; es wären wohl deutsche redaktionelle Änderungen, nicht Keynes' Intention (vgl. dazu Janssen, 1998; S. 298, bes. Fn. 321).

in der ‚breiten Gegenwart' ein (Gumbrecht 2010) und halten ‚die Wirtschaft' für unsere natürliche Umgebung. An Keynes können wir ermessen, dass sich unser Verhältnis zur Geschichte extrem gewandelt hat. Wir denken nicht mehr in Kategorien eines Geschichtstelos. Sondern in Vokabularien eines *muddling through*. Die Wirtschaft gilt uns als seine *oeconomia perennis*, die wir eher auf Nachhaltigkeit umpolen wollen – also erhalten statt abschaffen. Vielleicht kann uns Keynes anregen – anders als die Debatten um den Keynesianismus – wieder Fragen zu lernen: wozu Ökonomie (wie Skidelski/Skidleski 2013 den Ball aufnehmen)?

5. Muße und Arbeit:
Marx, Lafargue, Keynes, Grundeinkommen.
Über die Utopie einer arbeitsfreien Welt.

Die große Kritik der Politischen Ökonomie, die wir 2018 an Marx gefeiert haben, hat ein grundlegendes Thema, das uns heute wieder zu beschäftigen beginnt: das Ende der Arbeit. Wir haben gemeinhin eine ungenügende Vorstellung davon, wie Marx den Kommunismus sah: er ist zum einen eine Epoche der Befreiung der Arbeiter, gleichzeitig aber gepaart mit dem historischen Ende der Arbeit (Priddat 2005). Das hat aber womöglich eine geschichtsphilosophische Pointe, die Marx, der die Emanzipation der Arbeiter von der Arbeit einleiten wollte, nicht gewollt hätte: „Was machen wir dann den ganzen Tag?" (Nassehi 2018, in Erinnerung an Hannah Arendts Skepsis).

5.1 Karl Marx

Wenn bei Marx die Revolution die Kapitalherrschaft aufheben soll, liegt es nahe, dass die Arbeit nicht mehr als mehrwertschöpfende Ausbeutung, sondern als gesellschaftliche Organisation aufgefasst wird, deren Überschüsse – über das hinaus, was die einzelnen Arbeiter zum Leben brauchen – sozial oder politisch verteilt werden. „Gleicher Arbeitszwang für alle", heißt es im ‚kommunistischen Manifest' von 1848 (Marx/Engels 1959/1848: 474). Genauere Angaben sind selten. Aber „gemeinschaftliche Produktion vorausgesetzt, bleibt die Zeitbestimmung natürlich wesentlich. Je weniger Zeit die Gesellschaft bedarf, um Weizen, Vieh etc. zu produzieren, desto mehr Zeit gewinnt sie zu andrer Produktion, materieller oder geistiger (…). Ökonomie der Zeit darin

löst sich schließlich alle Ökonomie auf" (Marx 1974/1858: 89) Die
nach-kapitalistische Ökonomie heißt bei Marx ,vergesellschaftete Produktion': „Ökonomie der Zeit, sowohl wie planmäßige Verteilung der
Arbeitszeit auf die verschiedenen Zweige der Produktion, bleibt also
erstes ökonomisches Gesetz auf Grundlage der gemeinschaftlichen
Produktion" (Marx 1974/1858: 89).

Wenn die Arbeit nach der Revolution von der Mehrwertarbeit befreit
ist, hört sie nicht auf, sondern wird gleichmäßig über die Gesellschaft
verteilt.

> „Wenn alle arbeiten müssen, der Gegensatz von Überarbeiteten und
> Müßiggängern wegfällt – und dies wäre jedenfalls die Konsequenz
> davon, dass das Kapital aufhörte zu existieren, (...) und außerdem
> die Entwicklung der Produktivkräfte, wie das Kapital sie hervorge-
> bracht hat, in Betracht gezogen wird, so wird die Gesellschaft den
> nötigen Überfluss in 6 Stunden produzieren, mehr als jetzt in 12, und
> zugleich werden alle 6 Stunden ,Freizeit' den wahren Reichtum
> haben; Zeit, die nicht durch unmittelbare produktive Arbeit absor-
> biert wird, sondern zum Genuss, zur Muße, so dass sie zur freien
> Tätigkeit und Entwicklung Raum gibt" (Marx 1976/1863: 252; vgl.
> auch Marx 1974/1858: 594).[1]

Doch sind 6 Stunden Reduktion nur der Ausgangspunkt; mit zuneh-
mender Produktivität (der automatisierten Industrie (Marx 1974/1858:
597)) wird die Arbeitszeit „auf ein fallendes Minimum" reduziert
(Marx 1974/1858: 596), das potentiell unter 6 Stunden pro Tag liegt.
Die ,free time', die den Menschen zur „universalen Entwicklung des
Individuums" (Marx 1974/1858: 440) Zeit gibt, ist der

> „wahre Reichtum; Zeit, die nicht durch unmittelbar produktive Ar-
> beit absorbiert wird, sondern zum enjoyment, zur Muße, so daß sie
> zur freien Tätigkeit und Entwicklung Raum gibt. Die Zeit ist der
> Raum für die Entwicklung der faculties etc." (Marx 1976/1863: 252;
> vgl. auch Marx 1974/1858: 89 und 594-595).

---

[1] Marx zitiert hier ein Pamphlet von Charles Wentworth Dilke (1821); vgl.
auch Sahraoui 2018: 81-92.

Der wahre Reichtum besteht fortan in den allseitigen Fähigkeiten der Individuen, die herauszubilden Produktionsbedingung sein wird (Marx 1974/1858: 599; Marx 1976/1863: 252). Und es sind tatsächlich zuerst die Individuen gemeint; es geht um die „Entwicklung der vollen Produktivkräfte der Einzelnen, daher auch der Gesellschaft" (Marx 1974/ 1858: 595; zur Ökonomie der Zeit bei Marx vgl. genauer: Priddat 2005; De Gennaro 2014; Gimmel 2017; Gorz 2019: 438ff.)[2].

Das ist das Bild, das Marx in den ‚Grundrissen' von 1857/58 – die erst 1935 veröffentlicht wurden (Marx 1974/1858) – zur post-kapitalistischen Epoche entwirft. Die Revolution bedeutet nicht die Abschaffung der Industrie, sondern die Nutzung ihrer ungeheuren Produktivität. Der ‚industrielle Gesamtarbeiter', wie Marx es nennt, wird automatisiert die Arbeit leisten, die vordem die Lohnarbeiter erbringen mussten.[3] Die Menschen brauchen dann nur noch, wenn wir die Rede vom „fallenden Minimum" erinnern, weniger als 6 Stunden am Tag zu arbeiten. Statt unter der Eigentumsherrschaft des Kapitals – dem Reich der Notwendigkeit – zu arbeiten, werden die Menschen frei, endlich zivilisatorisch in eine Phase einzutreten, in der sie selber ihre Tätigkeiten entscheiden können – das Reich der Freiheit[4]. Die kommunis-

[2] Andre Gorz interpretiert die Muße-Theorie Marx'ens: „Anders gesagt, können die Individuen durch die freie Zeit Fähigkeit (zur Erfindung, Schöpfung, Planung und intellektueller Erkenntnis) entwickeln, die ihnen eine geradezu grenzenlose Produktivität verliehen ... ... Die Steigerung der produktiven Fähigkeit der Individuen ist die Folge und nicht das Ziel ihrer vollen Entfaltung" (Gorz 2019: 443).

[3] Martin Burckhardt macht darauf aufmerksam, dass bei Marx sich der Kapitalismus gleichsam von selber abschaffe, weil durch die Automation immer weniger Arbeit benötigt würde (Burckhardt 2018: 28).

[4] „Der wirkliche Reichtum der Gesellschaft und die Möglichkeit beständiger Erweiterung ihres Reproduktionsprozesses hängt (…) nicht ab von der Länge der Mehrarbeit, sondern von ihrer Produktivität und von den mehr oder minder reichhaltigen Produktionsbedingungen, worin sie sich vollzieht. Das Reich der Freiheit beginnt in der Tat erst da, wo das Arbeiten, das durch Not und äußere Zweckmäßigkeit bestimmt ist, aufhört; es liegt also der Natur der Sache nach jenseits der Sphäre der eigentlichen materiellen Produktion. (…) Die Freiheit in diesem Gebiet kann nur darin bestehen, dass der vergesellschaftete Mensch, die assoziierten Produzenten, diesen ihren Stoffwechsel mit

tische Gesellschaft wird eine Muße-Gesellschaft.[5] In Reanimation antiker Vorstellungen (De Gennaro 2014) ist die dann erlangte allgemeine
freie Zeit als Zeit der Muße die Bedingung der Möglichkeit der Be-
teiligung aller Menschen an der Politik (das antike Modell der *politeia*)
(genauer: Priddat 2005). Die Bildung, die in der Muße erworben wird,
ist wiederum die Voraussetzung, politisch urteilsfähig zu sein und sich
also seine Gesellschaft frei selber zu gestalten.[6]

der Natur rationell regeln, unter ihre gemeinschaftliche Kontrolle bringen,
statt von ihm als von einer blinden Macht beherrscht zu werden; ihn mit dem
geringsten Kraftaufwand und unter den ihrer menschlichen Natur würdigsten
und adäquatesten Bedingungen vollziehen. Aber es bleibt dies immer ein
Reich der Notwendigkeit. Jenseits desselben beginnt die menschliche Kraftentwicklung, die sich als Selbstzweck gilt, das wahre Reich der Freiheit, das
aber nur auf jenem Reich der Notwendigkeit als seiner Basis aufblühen kann.
Die Verkürzung des Arbeitstags ist die Grundbedingung" (Marx 1964/1867:
828). Hier unterteilt er noch zwischen notwendiger und freier Arbeit; in den
‚Grundrissen' wird die notwendige Arbeit stärker der hochproduktiven automatisierten Produktion zugewiesen.

[5] Irene Colombi interpretiert Marx als Apologeten der Arbeit, der lediglich
deren Entfremdung abgeschafft wissen will (Colombi 2018: 36); sie kennt die
Zeitphilosophie der ‚Grundrisse' nicht, damit auch nicht die mußetheoreti-
schen Implikationen. Es geht dann nicht nur um das dialektische Verhältnis
von Arbeit und Muße (Röttgers 2014: 28), sondern um eine Art kultureller
Bildungsvollendung der Menschengattung, was erst nach Abschaffung der
Notwendigkeit der Arbeit geschichtlich möglich sei. Marx steht hier in einer
deutschen Tradition, die in Friedrich Schillers Briefen über die ästhetische
Erziehung des Menschen seinen betonten Ausdruck bekommt (Schiller 2009/
1795): dass der Mensch dort wo er spielt, erst Mensch werde, und dass die
ästhetische Erziehung (= Bildung) erst die kulturelle Vollendung schaffe. Der
Spieltrieb Schillers steht in enger Verbindung mit der Muße (antiker Prägung)
(Matuschek 2017; vgl. Kap. 2 in diesem Buch). Colombi plädiert für eine
Erweiterung des Arbeitsbegriffs: „Wirtschaft mit Nicht-Arbeit", statt „Wirt-
schaft ohne Arbeit" (Colombi 2018: 43). Damit ist Marx' Pointe nicht erfasst:
Muße ist nicht Nicht-Arbeit, sondern ‚höhere Tätigkeit". Unsicher auch ist
Jochen Gimmel, inwieweit Marx' ‚freie Zeit' Freizeit und/oder Muße-Zeit
meint (Muße als Zeit der Selbstverwirklichung) (Gimmel 2017).

[6] Die Leerstelle, die durch die Abschaffung der Herrschaft des Kapitals entsteht, wird durch die Analogie zur alten antiken Idee der Selbstherrschaft aller
freien Bürger zu füllen versucht.

So kennen wir den Kommunismus gar nicht: Marx entwirft ein fast goetheanisch anmutendes bildungsbürgerliches Bild (Priddat 2005; 2018c). Die Menschen werden nicht frei, das zu tun, was sie wollen – wie sein Schwiegersohn Paul Lafargue es als ‚Recht zur Faulheit' deklariert (Lafargue 2018/1883; Auszug in: Kovce/Priddat 2019: 157-176) –, sondern sie bekommen endlich die historische Chance, sich zu bilden, d.h. für Marx, endlich in den Zustand des Menschseins einzutreten und die Freiheit zu bekommen, politisch gebildet zu werden, als Voraussetzung für die Gestaltung ihrer Gesellschaft.[7]

Die Befreiung von der Notwendigkeit zur Arbeit ist die Voraussetzung für das bürgerschaftliche politische Leben (nach dem Muster der athenischen *polites*). Es kann Marx, der eine neue Gesellschaft denkt, nicht darum gehen, die individuelle oder persönliche Kreativitätsentfaltung ins Zentrum der Muße zu stellen (wie noch im Schiller'schen Modell). Bildung ist Bildung der Urteilskraft hin zur Politik, damit zur Gestaltung der Gesellschaft, die als ‚Kommunismus' sonst noch gar keine *governance* kennt.

Wenn der Philosoph Richard David Precht an Marx' Frühschriften erinnert, morgens Jäger, nachmittags Hirte, abends Kritiker sein zu können (Precht 2018; genauer: „morgens zu jagen, nachmittags zu fischen, abends Viehzucht zu treiben, nach dem Essen zu kritisieren" (Marx/Engels 1981/1846: 33)), haben wir zwar zum einen ein konkretes Freiheitsbild vor Augen, das aber in einer tieferen Schicht ein Bild adeliger Freiheiten darstellt. Das bildungsbürgerliches Bild ist eine Kopie der adeligen Freiheiten, nicht arbeiten zu müssen, sich aber selbstbewusst seine Tätigkeiten frei auswählen zu können: als herr-

---

[7] Der Philosoph Georgio Agamben liest die finale Gestaltung der Gesellschaft nach Aufhebung der Kapitalherrschaft als Konsequenz der Praxisphilosophie aus der ‚Deutschen Ideologie': „Die produktive Tätigkeit des Menschen ist an ihrer Basis Lebenskraft, Drang, Energie, Spannung, Passion. Das Wesen der Praxis, des Gattungscharakters des Menschen, des produzierenden Lebewesens, ist der Wille. Das menschliche Produzieren ist Praxis, wobei ‚der Mensch universell produziert'" (Agamben 2012: 113). Was schließlich im Kommunismus kulminieren muss, ist im Gattungscharakter der Menschen historisch angelegt: „die freie bewußte Tätigkeit ist der Gattungscharakter des Menschen" (Marx 1974/1844: 516). Vgl. Kap. 3 genauer.

schaftliches Tun (der Hinweis auf das adelige Muster vgl. Böhme 2017: 69).

„Diese Utopie der ungezwungenen Tätigkeit wurde von den beiden (Marx und Engels; B.P.) in jener Werkphase geschrieben, in der vor allem der junge Marx an einer anthropologischen Philosophie der Arbeit laboriert hat, nach der es schöpferische Arbeit sei, die den Menschen erst zum Menschen mache, wohingegen die Produktionsverhältnisse in der gesellschaftlichen Formierung der Arbeit den Menschen von dieser Unmittelbarkeit entfremde" (Nassehi 2018).

Für Marx und Engels „bestand die Befreiung der Arbeit in der Befreiung von Arbeit, jedenfalls von Erwerbsarbeit" (Böhme 2017: 69).[8] Doch auch in der kommunistischen Gesellschaft muss der Mensch versorgt sein. Zwar erörtert Marx in den ‚Grundrissen' eine Ökonomie der Zeit (Marx 1974/1858: 590-605; Priddat 2005), ohne aber auf das alte Verhältnis von Arbeit und Einkommen (Lohn) zurückzufallen. Das Einkommen kann nicht mehr an die Dauer und Intensität der industriellen Arbeit gebunden sein, wenn alle nurmehr wenige Stunden arbeiten. Die Freiheit zur Muße setzt Versorgung voraus, um als freier Mensch leben zu können. Logischerweise muss es eine Art von Grundeinkommen geben, das unabhängig von Arbeit und ihrer Leistung ausgezahlt wird. Marx baut den Kommunismus auf die technische Intelligenz der automatisierten Produktionen, deren Resultate zu verteilen ihm ebenso kein Problem zu sein scheinen, wie auch nicht die Versorgungsaufwendungen, die es für die kreativen Tätigkeiten in der Mußezeit braucht. Im Kommunismus hört die (kapitalistische) Ökonomie

---

[8] Hier gibt es immer noch Missverständnisse. „Zwar deuten Karl Marx und Friedrich Engels die Aussicht an, dass mit Erreichen des Kommunismus der Arbeitszwang obsolet würde; der Grund dafür ist allerdings, dass spätestens dann alle Menschen – aus reinem Glück darüber, ihre Energie der Gemeinschaft spenden zu dürfen – von sich aus arbeiten würden. Ziel war also recht unumwunden die Selbstmotivation als alleiniger Antrieb für ‚Arbeit'" (Bunia 2016: 32). Bunia verwechselt Arbeit mit ‚höherer Tätigkeit', die bei Marx eben nicht mehr mit der notwendigen Arbeit, sondern mit der freien Tätigkeit im Reich der *disposable time* einhergeht. Dass man noch wenige Stunden am Tag arbeitet, ist ein notwendiger Rest, aber noch nicht der Zugewinn an Muße-Zeit, um die es ihm in seiner Zeitökonomie geht.

auf, wird letztlich zu einer Zeit-Ökonomie, in der die Arbeit auf die Maschinerie und die Zeit auf die Menschen in ihrer humanen Entfaltung neu verteilt wird. Der Kapitalismus hat geschichtlich die Voraussetzungen für eine endlich durchgehend humane Gesellschaft geschaffen, die aber nicht von selber eintreten werden, sondern einer Revolution bedürfen, um sie einzurichten, bevor der Kapitalismus am tendenziellen Fall der Profitrate an sich selber zugrunde gehen würde (vgl. dazu Szepanski 2014; Kap. 3.7 und 4).

Bei Marx ging es bei der Aufhebung des Kapitalismus nicht allein um die Enteignung des Kapitalbesitzes, sondern darüber hinaus um eine zivilisatorische und kulturelle Höherentwicklung: um das Ende des Zwanges, arbeiten zu müssen. Wenn man sich den Kontrast des Muße-Ideals zur Arbeitswirklichkeit des 19. Jahrhunderts vergegenwärtigt, dann besteht für Marx der Inhumanismus des Kapitalismus darin, die Arbeiter von der Bildung und von der Kultur abzuhalten. Sie sind doppelt entfremdet: zum einen entfremdet von ihrem ganzen Produkt, zum anderen von ihrer humanen Entwicklung.[9] „Die eigentliche Geschichte", lesen wir bei Alexandere Kojeve, dem französischen Hegelianer,

„in der die Menschen (die Klassen) untereinander um die Anerkennung und – durch die Arbeit – gegen die Natur kämpfen, heißt bei Marx ‚Reich der Notwendigkeit: jenseits (der Geschichte) ist das ‚Reich der Freiheit' angesiedelt, in dem die Menschen (die sich gegenseitig anerkennen) nicht mehr kämpfen und so wenig wie möglich arbeiten (in einer ganz gezähmten, d.h. dem Menschen angepassten Natur)" (Kojeve 1962: 434 (Übersetzung H. Gumbrecht)).

[9] Es ist erhellend, wenn man Marx' Utopie der Befreiung von der Arbeit mit Hannah Arendts Dystopie der Verelendung der Menschen als Arbeitstier (*animal laborans*) im modernen Kapitalismus vergleicht (Arendt 1981). Zum Tier wird der Menschen, wenn er seine gemeinschaftsstiftenden Attribute als *zoon logon echon* verliert und vom antiken Ideal des *zoon politicon*, über die Schwundstufe des *homo faber*, zum nur noch arbeitenden Tier absinkt (das Ernst Jünger in „Der Arbeiter" 1932 noch zu verherrlichen suchte (Jünger 2014)). „Was uns bevorsteht, ist die Aussicht auf eine Arbeitsgesellschaft, der die Arbeit ausgegangen ist, also die einzige Tätigkeit, auf die sie sich noch versteht. Was könnte verhängnisvoller sein?" (Arendt 1981: 12).

Kojeve spricht vom ,Reich der Freiheit' als einer Zeit ,jenseits der Geschichte'. Das ist nicht nur eine erste Bestimmung des *posthistoire*,
sondern zeigt den kulturellen Bruch auf: dass nämlich eine ganze Geschichte endet (um eine neue Geschichte der freien Menschen beginnen
zu lassen).[10] Die Geschichte hört nicht auf, sondern verwandelt und
verwindet sich in eine Selbst-Herrschaft der Menschen.

Marx Schwiegersohn Paul Lafargue hingegen spricht von einem
,Recht auf Faulheit'.[11] Lafargue war kein Marxist, eher ein sozialutopi-
scher linker Journalist, dessen Schriften in Frankreich sehr gelesen
wurden. Wir erwähnen ihn, weil er das gleiche zeitökonomische Moment hervorhebt: 2-3 Stunden Arbeit am Tag (Lafargue 2018/1883: 29
und 44). Lafargue spricht auch bereits von einem Grundeinkommen: 20
Francs pro Tag, die sich die Reichen jeden Morgen vom Rathaus ab-
holen sollen. Es ist bei ihm unklar, ob das nur ein demütigendes Straf-
Einkommen für die ehemalig Reichen sei (Lafargue 2018/1883: 47).

Beide – Marx wie Lafargue – beenden die Epoche der protestantischen Ethik, bevor Max Weber sie überhaupt formuliert hatte (vgl.
Kap. 1 in diesem Band). Bei Weber (wie auch bei Sombart) geht es
nicht um die Arbeiter, sondern um die sich christlich imprägniert sich
arbeitsverpflichtet fühlenden Bourgeois. Die Bourgeoisie unterscheidet
sich von allen bisherigen Oberschichten vornehmlich darin, dass sie
arbeitet (Moretti, 2014: 50f). Dabei geht sie eine Paradoxie ein: der
Bourgeois muss „für einen anderen arbeiten", da Arbeit stets auf einem
äußeren Zwang beruht und kann „doch nur für sich selbst arbeiten (…),
weil er keinen Herren mehr hat" (Kojeve 1975/1947: 83). Die bürger-

---

[10] Das „Reich der Freiheit" jenseits der Geschichte beruht auf einer geschichtsphilosophischen Idee, dass es „eine einheitliche starke ,Zeit' geben
müsse (die dann die Zeit der klassenlosen Klasse, des Proletariats, Träger des
wahren menschlichen Wesens wäre), wie Ernst Bloch sie als letzte metaphysische Illusion vertrat" (Vassimo 1990: 14; mit Bezug auf Bloch 1985:
118ff.). Die Zeit der freien Zeit ist – in dieser Diktion – selber eine große Zeit:
eine neue Epoche der Geschichte, die ihr Zivilisationsziel erreicht hat und sich
jetzt als horizontale Welt-Ausbreitung versteht.

[11] Lafargue 1883/2018; als Replik auf Louis Blancs ,Recht auf Arbeit' (Blanc
1847/1839). Zuvor allerdings bereits Charles Fourier (1822) (Fourier 1841:
177-187). Vgl. ausführlicher Gimmel 2017.

liche Kultur beruht auf harter Arbeit: hartes und ruhiges Arbeiten in
dem Sinne, in dem „der rational betriebene Erwerb von Reichtum" eine
„ruhige Leidenschaft" ist, wie Albert O.

Hirshman schreibt, weshalb
die solcherart – stetig, methodisch, kumulierend – „verfolgten Interessen" auch über die „turbulenten (aber schwachen) Leidenschaften" der
Aristokratie obsiegen (Hirshman 1980: 49ff). Die harte Arbeit genießt
den Nimbus des Tugendhaften. Das ist neu im europäischen Tugendkatalog der Neuzeit.[12]

Was für das Geschäft ‚harte' und vor allem ‚durchgehende' Arbeit
war, wird auf der anderen Seite der bürgerlichen Medaille zum ‚comfort', zur Bequemlichkeit des eigenen Heims, das nicht nur nützliche
Annehmlichkeiten (‚conveniences') bietet, sondern auch freie oder
Mußezeit, die der Bildung reserviert ist. „Zeit und Muße" sind unerlässliche Voraussetzungen,

> „damit bürgerliche Kultur mit ihren Elementen des Spiels, der Stili-
> sierung und der Reflexion möglich wird (...). [Zu den] sozialen und
> ökonomischen Bedingungen (...) bürgerlicher Lebensführung und
> Werte (...) gehören ein stetiges Einkommen deutlich über dem
> Existenzminimum" (Kocka 1988: 31).

So bleibt auch das Nicht-Arbeitsleben nicht tätigkeitslos, aber die Anstrengungen gehen ins Geistige.

Und zugleich zeigt sich die Bedingung für Bildung: ein stetiges Einkommen über dem Existenzminium – die Rohform der Idee eines
Grundeinkommens, wenn denn alle Menschen freie Zeit für Bildung in
Anspruch nehmen sollen. Marx entwirft zwei – vage – Vorstellungen
des Kommunismus: (I) Vergesellschaftung der Arbeit nach Abschaf-

---

[12] Das bürgerliche Haus ist nicht mehr der abendländische ›oikos‹, sondern
das Heim der sich modernisierenden Familie (dazu: Koschorke et al. 2010).
Die Freude am eigenen Heim wird Ende des 18. Jahrhunderts zu einer Mode
in England und verbreitet sich weltweit im bürgerlichen Mittelstand (vgl.
Moraze, 1959: 17-18; sowie De Vries, 2008). Aber nur „die unmittelbare
Verbindung zur Arbeit macht den Komfort für die protestantische Ethik
akzeptabel; sie billigt den Wohlstand, solange der damit verbundene Komfort
nicht dazu verleitet, der eigenen ‚Berufung' untreu zu werden, also maßvoll
und nüchtern bleibt" (Moretti 2014: 77).

fung der Kapital-Herrschaft und (II) die Transformation der kapitalistischen Mehrwertproduktion in freie Zeit für freie Tätigkeit (Ernst Bloch nennt es eine „tätige Muße" (Bloch 1985: 1080)). Erst wenn (II) durch die Weiterentwicklung der Produktivität der automatisierten Industrie die Notwendigkeit zu arbeiten mehr und mehr sinkt, ist die Gesellschaft historisch reif, die Entwicklung ihrer Individuen und damit die gesellschaftliche Zivilität insgesamt zu heben. Die Arbeit endet nicht vollständig, aber sie verwandelt sich zu immer größeren Teilen in kreative selbstbestimmte Tätigkeit von gesellschaftliche Relevanz.

Es ist nur konsequent, Marx Muße-Theorem des Kommunismus als Bildungszeit zu betrachten, die allerdings nicht im bildungsbürgerlichen Ästhetizismus aufgeht – also nicht in Schillers Geschichtstelos' (vgl. Kap. 2 dieses Buches) –, sondern nur mehr die Bedingung dafür ist, dass alle Menschen, als Gebildete, zur Gestaltung der Gesellschaft kompetent und legitimiert sind. Das Telos der Bildung in Muße ist der *polites* bzw. der *homo politicus*; was in der Vorgeschichte und im Kapitalismus ausgeschlossen war, wird nun, nach der Emanzipation von der Arbeit, für alle Menschen (also als Gattungswesen) Wirklichkeit: als Bürger/*citoyens* ihre Polis zu entscheiden (vgl. genauer Priddat 2018c).

Anders liest es sich bei Paul Lafargue, der dafür kämpft, dass „die Leidenschaften des Menschen völlige Freiheit genießen werden" (Lafargue 2018/1883: 8). Der Mensch solle „nicht mehr als drei Stunden am Tag" arbeiten, „und den Rest des Tages und der Nacht faulenzen und feiern" (Lafargue 2018/1883: 29). Lafargue setzt darauf, dass das Ausleben der Natur der Leidenschaften auch „die moralische Energie und Kraft" entwickeln werde (mit Bezug auf die beiden englischen Anthropologen John Beddoe und Charles Darwin) (Lafargue 2018/ 1883: 8). Das bewegt sich weitab von Marx' bürgerlichen Bildungsambitionen. Das Recht auf Faulheit ist ein Recht auf Leidenschaften und Vergnügungen, fast clichéhaft rousseauistisch eine Rückkehr zu den „natürlichen Instinkten" (Lafargue 2018/1883: 28), endlich befreit vom Zwang zur Arbeit. Deshalb auch kein Zwang zur Bildung. Hier

artikuliert sich eine naturalistische Anthropologie gegen den abend-
ländischen Bildungsnexus.[13]

5.2 John Maynard Keynes (und Lord Russell)

Erstaunlicher aber findet sich eine Analogie bei jemandem, der Marx
‚Grundrisse' 1929 gar nicht kennen konnte, aber dieselben Schlussfol-
gerungen zieht: John Maynard Keynes. In einem Vortrag von 1929 hält
er dafür, dass 2030 der Kapitalismus aufhören kann und jeder nur noch
3 Stunden arbeite, um die so gewonnene Zeit für kreatives Tun zu nutzen (Keynes 1956/1930; vgl. Lenger 2016; De Gennaro 2019). 500
Pfund, wie Virginia Wolf aus seinem Freundeskreis vorschlug, müssten
für jeden zum Leben reichen (Keynes 1956/1930; vgl. Kap. 4 in diesem
Band). Wieder haben wir die Idee der Trennung von Arbeit und Einkommen. Man wird nicht bezahlt für eine kreative Arbeit(sleistung),
sondern um die Voraussetzungen zu schaffen, leistungskriterienunab-
hängig kreativ tätig sein zu können. „Arbeit werde eine Sache für Spe-
zialisten. Der Rest der Menschheit kann sich schöneren Dingen zuwenden und sich erfreuen an den Lilien auf dem Feld" (Hank 2019: Sp. 3).

Keynes hält den Kapitalismus für eine deformierende geschichtliche
Zwischenzeit, die beschleunigt ins Wachstum gebracht werden müsse
(Keynes 1956/1930: 94), um dann – 2030 zum Abschluss kommend –
als durchautomatisierte Produktion die Befreiung von der Arbeit zu
gewährleisten. Bei Keynes wird das bildungsbürgerliche Moment, ge-
mischt mit Adels- und Künstlerfreiheiten, zum Ideal: Jeder solle geistig
tätig sein können. Was sonst würde das Leben krönen? Die Idiotie der
lebenslangen Arbeitsknechtschaft, die der Kapitalismus erfunden habe,
kann nicht das Geschichtsziel, oder englisch: das Zivilisationsziel
sein.[14] Allerdings unterscheidet sich Keynes' Kreativitätsprofil des

---

[13] Auch wenn sich Lafargues ‚Faulheit' und Marx' ‚Muße' strukturell sehr
ähnlich sind; die Lafargue'sche Faulheit ist keine Unlust (*acedia*), sondern die
explizite Nicht-Arbeit als Forum der Selbstverwirklichung (vgl. Gimmel
2017: 50).

[14] „Damit meinte Keynes, die Menschheit werden dann imstande sein, alle
ihre materiellen Bedürfnisse mit einem Bruchteil des gegenwärtigen Arbeits-

nachkapitalistischen Menschen von dem Marx'schen darin, dass die Bildung als Befähigung zum politischen Wesen nicht mehr thematisiert wird (vgl. besonders Priddat 2018c). Die Marx'sche Muße/Politik-Relation wird bei Keynes, dem Freund der Künste und Künstler, zum reinen Kreativitätsmodus. Die post-kapitalistische Ökonomie gerät Keynes' zur ‚ästhetischen Ökonomie' der schönen Künste und des schönen Lebens.[15] Damit entfallen auch gesellschaftliche Ansprüche an die kreativen Tätigkeiten.[16]

aufwandes zu befriedigen – höchsten drei Stunden täglich, damit ‚der alte Adam in uns (...) zufrieden ist'. Der Überfluss der Zeit könne zu einem ‚Nervenzusammenbruch jener Art' führen, der schon oft genug unter den Ehefrauen der wohlhabenden Klassen geschehen werden'. Aber Keynes hoffte, dass das nicht geschehen werde. Er blickt vielmehr auf eine Zeit voraus, in der die spontane, freudige Einstellung zum Leben, die noch den Künstlern und Freigeistern vorbehalten war, auf die gesamte Gesellschaft übergreifen würde" (Skidelski/Skidelski 2013: 30). Fast ein shaftesburysches Programm der Ästhetisierung und Kultivierung der Sitten, gekoppelt mit einem Mußetheorem: der wahren Bildung menschlicher Kreativität. „In diesem Sinne ist Freiheit Verfügbarkeit für das Unwahrscheinliche" (Sloterdijk 2011: 58), d.h. Abkehr vom bloß Notwendigen. Keynes endet den Aufsatz wie folgt: „Ich sehe also für uns die Freiheit, zu einigen der sichersten und gewissesten Grundsätzen der Religion und der herkömmlichen Tugend zurückzukehren: dass Geiz ein Laster ist, das Verlangen von Wucherzinsen ein Vergehen, die Liebe zum Geld verächtlich, und dass diejenigen, die sich am wenigsten um den Morgen sorgen, am Wahrsten den Pfad der Tugend und maßvollen Weisheit wandeln. Wir werden die Zwecke wieder höher werten als die Mittel und werden das Gute dem Nützlichen vorziehen" (Keynes 1956/1930: 264; vgl. auch Riedl 2014b: 212). Die beiden Skidelski (Skidelski/Skidelski 2013) erweitern, durch ihn angeregt, Keynes' Muße-Konzept als ‚education to leisure', als ein ökonomo-ethisches Konzept der Bildung der Fähigkeit, der Muße teilhaftig zu werden (im Rahmen einer neo-aristotelischen Konzeption des guten Lebens, in dem die Muße eine besondere Rolle spielt). Als *education to leisure* (vgl. neben Skidelksi/Skidelski 2013 auch Russell 1950/1932) ist es eine moderne Version der ‚ästhetischen Erziehung des Menschen' Schillers: nämlich Erziehung zur Muße (vgl. Kap. 2 in diesem Band).

[15] Ähnlich bei dem irischen Dandy Oscar Wilde: „Jetzt verdrängt die Maschine den Menschen. Unter richtigen Zuständen wird sie ihm dienen. Es ist durchaus kein Zweifel, dass das die Zukunft der Maschinen ist, und ebenso wie die Bäume wachsen, während der Landwirt schläft, so wird die Maschine,

Wenn man Keynes' spätere Makroökonomie der Staatsintervention (Köhn/Priddat 2014) aus der Perspektive seiner Utopie von 1929 betrachtet, stellt sie sich als notwendiges wirtschaftspolitisches Instrument heraus, um den Kapitalismus endlich in die Hochform zu bringen (ohne Krisen, ohne unfaire Verteilungsasymmetrien etc.), die es braucht, um ihn bis 2030 abzuschaffen.[17] Keynes' berühmte Makroökonomie von 1936 (Keynes 1936) lässt sich ohne den intellektuellen Bezug auf den Essay über die „wirtschaftlichen Möglichkeiten unsere Enkelkinder' von 1929 (Keynes 2014/1956) nicht vollständig würdigen (vgl. genauer Kap. 4 in diesem Band).

Ähnlich wie Keynes, aus einer *Gentleman*-Haltung, und fast zur gleichen Zeit lobt Bertrand Russell den Müßiggang (*leisure*) (Russell 1950/1932). Auch für Russell ist der technische Fortschritt so weit gelungen, dass alle Menschen mehr Freizeit und Müßiggang bekommen könnten.

---

während sich die Menschheit der Freude oder edlen Muße hingibt – Muße, nicht Arbeit, ist das Ziel des Menschen – oder schöne Dinge schafft oder schöne Dinge liest oder einfach die Welt mit bewunderndes und genießenden Blicken umfängt, alle notwendige und unangenehme Arbeit verrichten" (Wilde 2016: 18).

[16] Bei Keynes ist es eher die Muße als *enjoyment* (Marx 1976/1863: 252), was Marx scharf kritisierte: „Damit die Arbeit *travail attractif*, Selbstverwirklichung des Individuums sei, (ist) keineswegs (ge)meint, daß sie bloßer Spaß sei, bloßes *amusement,* wie Fourier es sehr grisettenmäßig naiv auffaßt. Wirklich freie Arbeiten, z.B. Komponieren ist gerade zugleich verdammtester Ernst, intensivste Anstrengung" (Marx 1974/1858: 505). Hier kommt bei Marx wieder ein bourgeoiser, fast pietistischer Zug ins Spiel: die Ideologie der harten Arbeit des bürgerlichen Selbstbewusstseins, das sich vom Adel abheben musste. Davon wieder hebt sich Marx' Schwiegersohn Lafargue mit seinem karibischen, für die Franzosen empfänglicheren ,Lob der Faulheit' ab. Freie Zeit ist bei Marx keine Freizeit, sondern Bildungszeit, d.h. Zeitraum einer *higher activity.* Keine Zeit, in der man sich verliert, sondern sie für höhere Ziele nutzt (wieder ein pietistischer Grundzug, aristotelisch erhöht).

[17] „Keynes wollte sicherstellen, dass das kapitalistische System mit Volldampf arbeitet, um möglichst schnell den Tag zu erreichen, an dem es enden würde" (Skidelski 2010: 32).

„Wenn der normale Lohnempfänger vier Stunden täglich arbeitet, hätte jedermann genug zum Leben und es gäbe keine Arbeitslosigkeit – unter der Voraussetzung einer gewissen, sehr maßvollen und vernünftigen Organisation. Dieser Gedanke stößt bei den Wohlhabenden auf entrüstete Ablehnung, weil sie davon überzeugt sind, die Armen wüssten nichts Rechtes mit soviel Freizeit anzufangen" (Russell 1950/1932: 78).[18]

Ähnlich wie Keynes, nur vorsichtiger, sieht Russell in der vermehrten Freizeit die Grundlage dafür, sich endlich den Dingen im Leben widmen zu können, die einen glücklich machen, frei vom Zwang, sich damit sein Einkommen zu sichern (Russell 1950/1932: 87-88). Und „wenn die Menschen nicht mehr müde in ihre Freizeit gehen, dann wird es sie auch bald nicht mehr nach passiver und geistloser Unterhaltung verlangen" (Russell 1950/1932: 87). Vorsichtiger als Keynes schätzt er den Prozentsatz derer ein, die ihre Muße „Aufgaben von allgemeinem Interesse" widmen: nämlich 1% (Russell 1950/1932: 87). Das Bildungsethos bei Keynes ist hier bereits heruntergefahren. Die Vorteile der Muße machen das Leben behaglicher und glücklicher. Und würden dafür sorgen, dass keine Kriege mehr geführt werden, weil sie zu anstrengende Arbeit seien (Russell 1950/1932: 88). Nehmen wir den letzten Satz für englischen Humor.

Keynes' Gesellschaftsentwurf, obwohl 1929 gegen den Sozialismus seiner Zeit geredet, ähnelt in den Folgerungen Marx. Beide haben – anders als Lafargue, dessen Recht auf Faulheit keinem bildungsbürgerlichen Mußeideal entspringt[19]– das Recht auf kreative Entfaltung des

---

[18] Die alte Herzogin, schreibt Russell, entrüstet sich: „Was wollen denn die Habenichtse mit Freizeit anfangen? Arbeiten sollen sie" (Russell 1950/1932: 77). Das fast noch moralische Ansinnen, arbeiten zu müssen, fällt Russell auf, gilt für die Frauen nicht, die zum bloßen Nichtstun erzogen würden (Russell 1950/1932: 78).

[19] Marcel Duchamp, als radikaler Avantgardist der Kunst, ist von Lafargues ‚Recht auf Faulheit' fasziniert: er gründete ein ‚Hospiz der Faulheit', in dem Arbeit verboten ist und plädiert für langsame künstlerische Arbeit; denn er selber arbeitet nicht mehr als 2 Stunden am Tag, mit langen Pausen (Lazzarato 2017: 23). Duchamp liest Lafargue als eine „Verweigerung der Arbeit", als ein Sich-Nicht-Mehr-Zur-Verfügung-Stellen (Lazzarato 2017: 14). Die Verweigerung der Arbeit, schreibt Maurizio Lazzarato, verbleibt innerhalb der

Menschen postuliert. Das ist aber verliert sich über die nächsten Jahrzehnte als Geschichts-Ziel. Besonders seit den 50er Jahren des 20sten Jahrhunderts wird stattdessen ein Konsumideal hochgefahren. Die freie Zeit ist kein Bildungsereignis mehr, sondern öffnet sich der Konsumkultur.[20] Anstelle der Integration der unteren Schichten in die Bildung fördert der Wohlfahrts-Kapitalismus ein Freizeitverhalten, das selber marktförmig wird und in der Unterhaltung, in einer Eventkultur – in welcher Form auch immer – endigt.

5.3 Die Verwandlung der Muße in Konsum

Jean Baudrillard und Pierre Bourdieu haben in den 60er Jahren des vorherigen Jahrhunderts die klassentheoretische Soziologie Marx' in eine Theorie des ästhetischen Konsums umgewandelt – von der Ökonomie der Zeichen (Baudrillard 1975) zu den feinen sozialen Unterschieden (Bourdieu) (Böhme 2016: 42 ff.). Neben Gebrauchs- und Tauschwert, dem klassischen Marx'schen Wertekanon, wird neu der Zeichen-Wert (*value signe*) hinzugefügt (Baudrillard 1975; *praise value*: Hutter 2010; auch Priddat 2018b). „Die Ökonomie der Zeichen, die sich in den sechziger Jahren noch in einer Hierarchie von Statussymbolen ausgeprägt haben mag, ist heute einer Signalisierung und Inszenierung von Gruppenzugehörigkeiten gewichen, die eine Mannigfaltigkeit von Gruppierungsstilen und Lebensformen artikuliert, die mit gesellschaftlicher Schichtung und Herrschaft wenig zu tun haben" (Böhme 2016: 43;). Nicht nur Marx' Soziologie der Klassenschichtungen, auch Max Webers „Geist des Kapitalismus" (vgl. Kap. 1 in diesem Buch) ist längst ganz anderen Interpretationsmustern gewichen (Boltanski/Chiapello 2003). Dabei ist die Marx'sche Utopie des arbeitslosen Muße-Bildungslebens jenseits des Kapitalismus von einer laufenden Wirklichkeit des Konsumverhaltens innerhalb des Kapitalismus'

Anthropologie der Arbeit, während erst „das faule Handeln" sich einer ganz anderen Anthropologie und Ethik öffnet (Lazzarato 2017: 20).

[20] Was die frühen Unternehmer des 18. Jahrhunderts als zulässigen *comfort* für die harte Arbeit legitimierten (s.o.), wird jetzt zum Ideal der breiten Schichten (vgl. Galbraith 1998/1958).

ersetzt worden.[21] Gernot Böhme verweist hier auf Herbert Marcuses „Triebstruktur und Gesellschaft" (Marcuse 1965), auf das Lustprinzip, das den Arbeitsraum der protestantischen Ethik und der Klassengesellschaft zu verlassen lehrt. „Nicht Arbeit, Sparen und Askese zeichnen das gute Leben aus, sondern Freizeit, Konsum und Spiel" (Böhme 2016: 42). Es liest sich wie ein *remake* der Lafargue'schen Vorstellungen (s.o.). Als Kenneth Galbraith 1958 sein berühmtes Buch über die Überflussgesellschaft schrieb (Galbraith 1998/1958), zog Herbert Marcuse aus derselben Einschätzung eine andere Konsequenz: warum bricht nun, nachdem man das Reich der Notwenigkeit verlassen habe, nicht das Reich der Freiheit an? Warum werden die Restriktionen des Realitätsprinzips nicht durch das Lustprinzip ersetzt? (Böhme 2017: 68). Es ist ein uns antiquiert vorkommendes, altes Vokabular, aber es diente erfolgreich der Modernisierung der Marx'schen Theorie, nunmehr bei Marcuse an Freud und Schiller aufbereitet (und indirekt bei Lafargue). In Auseinandersetzung mit Immanuel Kants harter Entgegensetzung von ‚Sinnlichkeit' und ‚Verstand' oder ‚Naturnotwendigkeit' und ‚Freiheit', setzt Schiller: der Mensch „ist nur da ganz Mensch, wo er spielt" (Schiller 2009/1795: 64; genauer Kap. 2 in diesem Buch). Was bei Marx noch nichtentfremdete oder freie Tätigkeit heißen konnte, wird bei Marcuse vor dem Hintergrund von Schillers Essay zum Spiel.[22]

> „Sein Reich der Freiheit ist nicht so sehr durch die Möglichkeit einer anderen Form des Tätig-Seins bestimmt, als vielmehr durch die Zulassung von Pathischem und das hieß vor allem durch Lust. Der erreichte Stand der Produktivkräfte erlaubt, wie er meinte, eigentlich eine Lockerung des Realitätsprinzips: (…) Sinnlichkeit" (Böhme 2016: 70; bei Lafargue lesen wir ‚Leidenschaft').

---

[21] A. Schimmelbusch fällt auf, dass Keynes „die psychologische Tyrannei des Konsums nicht vorhersah, die uns verbietet, unsere Arbeitszeit bereits heute auf 15 Stunden in der Woche zu reduzieren" (Schimmelbusch 2019).

[22] Über die Verbindung von Muße und Spiel bei Schiller vgl. Matuschek 2017.

Das ist eine andere Form der ‚ästhetischen Ökonomie' (Böhme 2016; Reckwitz 2012), gänzlich entfernt von Marx' Vorstellungen, der monierte: „die Arbeit kann nicht Spiel werden, wie Fourier will" (Marx 1974/1858: 599). Wenn nun aber doch? Wenn Marcuses Umdeutung von Schillers ästhetischem Ideal: dem Spiel, in den Freizeitgewohnheiten heute zum *gaming* wird, zur Inklusion in Computerspielwelten, die in riesigen Wettbewerben ungeheure Zeit kosten und Menschen physisch wie psychisch binden?

5.4 Kreativität

Die Kreativität, die Marx und Keynes als Zivilisationsziel postkapitalistischer Gesellschaften anvisiert hatten, entfaltet sich nach Sicht der französischen Soziologen Luc Boltanski und Ève Chiapello anders (Boltanski/Chiapello 2003): Sie wird in den kapitalistischen Prozess integriert und zum Motor des weiteren Wachstums ernannt (Reckwitz 2012). Und nicht als Kontrapunkt zur Arbeit, sondern als sich ausweitendes kreatives Arbeiten in den Dienstleistungsbereichen der Wirtschaft, in den Medien, den Beratungen, im Bildungsbereich. In den sich entfaltenden Wohlfahrts- und Sozialstaaten erscheint die Arbeitswelt nicht mehr von der Arbeit befreit zu werden, sondern eher nur die Arbeit von unproduktiven Repressionen.[23]

Die Kreativität wird aktuell zu einem tragenden Moment der dynamischen Unternehmensentwicklung in volatiler werdenden Märkten.

[23] „Im letzten Viertel des 20. Jahrhunderts bildet sich ein ‚neuer' dritter Geist des Kapitalismus. Charakteristisch für diesen dritten Geist des modernen Kapitalismus ist ein projektförmige Beziehung zur Arbeit, welche sich sowohl von der in Abhängigkeitsverhältnisse eingebetteten Berufsethik des ersten, als auch von der ‚Moral der Arbeit und der Kompetenz' (Boltanski/Chiapello 2006: 205) des zweiten kapitalistischen Geistes unterscheidet. Im Mittelpunkt stehen der Begriff der Aktivität und die zahlreichen damit verbundenen Entgrenzungsdynamiken zwischen Arbeit und Leben, persönlichem und beruflichen Wissen, ernster und spielerischer Tätigkeit. Dies entspricht den Anforderungen eines flexiblen, kreativen, individualisierten, wissensbasierten und globalen Kapitalismus" (Nachtwey/Seidl 2017: 14).

Sie fungiert als intellektuelle Ressource des Wachstums, nicht als
ruhige Muße-Zeit der eigenen Bildung. Die hier gemeinte Kreativität
ist eher im Sinne der Schumpeter'schen ‚schöpferischen Zerstörung' zu
deuten, als Ideenwettbewerb, der im Wettbewerb der Geschäftsmodelle
und Innovationen die Dynamik forciert (Priddat 2018c). Dabei wird die
Kreativität zum Signum hypermoderner Individuen, ist zugleich aber
ein Massen- oder Schwarmeffekt, der jegliche Originalität, Knappheit
und Einzigartigkeit fallen lässt, die allein nur noch dem kreativen
Künstler im Kunstmarkt zugeeignet wird (Lazzarato 2017: 34). Als
Massenphänomen hypermoderner Produktivität fehlt der Kreativität die
Knappheit, die sie erst besonders machte. Der genialische Duktus ver-
flacht; parallel dazu steigt die Anforderung an jeden, kreativ sein zu
sollen. Kreativität gerät in die Nähe des Zwanges, vom dem die Kreativität gerade sich entfernen sollte: sie wird *Kreativität der Arbeit, nicht
als Befreiung von Arbeit*. Freie Kreativität ist jetzt ein in den kapitalistischen Prozess eingeflochtenes Produktivitätsideal.[24] Fern jeden Muße-
Ideals.[25]

Und so kommt es, dass die Zeitökonomie der Muße, die Marx und
Keynes als hohes Zivilisationsideal ausbreiten, sich in den Kreativitäts-
karrieren nur noch als ‚Auszeit' spiegelt, als Schlaf- und Sportoptimie-
rung. Die zivilisatorischen Errungenschaften werden zurückgenommen
– die lange Mittagspause und der Feierabend um 17 Uhr.[26] Es ist ein
Gegenmodell zu Marx' und Keynes' Muße-Welt: ein Stress-Modell des
Kreativen (Sloterdijk 2011). Wenn man es präziser betrachtet, zeigt es

---

[24] Vgl. auch Brodbeck 1996.

[25] Der Philosoph Martin Seel macht darauf aufmerksam, dass Muße und
menschliches Tätigsein nicht notwendig kontradiktorisch sind. „Muße" ist
„ein besonderer Modus ihrer Ausübung (des Tätigseins; B.P.), sei es in der
Betrachtung, im Spiel, in der Interaktion und selbst bei Vollzügen der Arbeit.
Zeiten der Muße sind dadurch bestimmt, dass das jeweilige Tun und Lassen
einem besonderen, nicht von außen diktierten Rhythmus folgt, der einen
freizügigen Wechsel zwischen diversen Arten der Beschäftigung erlaubt. Was
immer im Modus der Muße geschieht, geschieht ohne weiteres – im Genuss
einer nicht auf ein zuvor fixiertes Ziel abgezweckten Periode der Zeit" (Seel
2018: 57).

[26] Arbeits- und Organisationspsychologe Wehner (Univ. Zürich), zit. in: Dickhoff 2018.

sich als ein Modell der Mehr-Arbeit, der ‚interessengeleiteten Selbstausbeutung‘ (Dickhoff 2018). Marx' Mehrwerttheorie wiederholt sich
auf höherer Stufenleiter. „Den Unternehmen ist es gelungen, ihre Aufgabe, für gute Abläufe zu sorgen, an die Mitarbeiter zu delegieren"
(Dickhoff 2018). Die neue Kreativität ist weniger darauf ausgelegt, die
Persönlichkeitspotentiale der Mitarbeiter zu entfalten (der alte Bil-
dungs-Rest), als die Herausforderungen dynamischer-volatiler Märkte
durch kreative Anpassung und Agilität der Mitarbeiter jeweils aufzu-
fangen.[27] Das ist deshalb so zu betonen, weil hier eine konträre Zeitökonomie ausgefaltet wird, die die ‚freie Zeit' als Zeit der Selbstopti-
mierung versteht (Kant 2018) und die Zeitökonomie einseitig als Effi-
zienzmodus fehlinterpretiert. „Was wir brauchen, ist nicht Freiheit von
der Arbeit, sondern Freiheit in der Arbeit" (Vasek 2018a: These 32;
vgl. auch Brodbeck 1996 und John Danaher 2018).[28]

[27] „Es gibt jetzt einen neuen Dreh: Die Arbeitsorganisation der Computer-
industrie hat sich ausgebreitet, das sogenannte agile Arbeiten. Das beruht darauf, dass Beschäftigte viel Kompetenz haben. Man geht davon aus, dass sie
sich selbst besser organisieren können und nicht unbedingt eine Leitung
brauchen" (Nachtwey 2019: Sp. 6).

[28] Allerdings gibt es auch andere Gründe, nur 20 Stunden in der Woche bzw.
4 Stunden am Tag zu arbeiten: ökologische. Der Postwachstumsökonom Niko
Paech argumentiert nicht über Produktivitätsfortschritte, sondern mit der, angesichts der ökologischen und klimatischen Restriktionen des Anthropozän,
nötigen Suffizienz: „Wir arbeiten immer mehr und kaufen uns immer mehr
Zeug. Doch durch das viele Arbeiten haben wir keine Zeit, uns mit den er-
worbenen Dingen zu beschäftigen. Trotzdem wird immer mehr angeschafft.
In einer Studie kam heraus, dass jeder Deutsche mindestens 10 000 Dinge
besitzt. Die Menschen leiden unter Konsumverstopfung. (…) Jeder sollte nur
noch 20 Stunden in der Woche arbeiten. Die gesparte Zeit wird in moderne
Selbstversorgung investiert. Wir legen mit Freunden oder Nachbarn gemeinsame Obst- und Gemüsegärten an. Außerdem reparieren wir Dinge, die kaputt
gegangen sind. Wir können uns viele Konsumgüter teilen" (Paech 2012).
Paech will kein Grundeinkommen, sondern weniger Arbeit, entsprechend
weniger Lohn und Einkommen, um darüber die Eigenarbeitsanteile zu erhöhen. Aber hat jeder einen Garten?
Plötzlich werden Eigentumsfragen relevant (oder *urban gardening* als öffent-
liches Gut?). Bei Paech wird die Grundeinkommensdiskussion zum Anlass,
eine andere, alternative Wirtschaftsform einzuführen, in der geklärt wird, wie

5.5 Grundeinkommen

Doch ist das neue Kreativitätsparadigma nur für die höheren Einkommensschichten angelegt: für die *high level workers*. Unterhalb dieser Dimension entwickelt sich längst eine Betrachtungsweise, die die Abschaffung der Arbeit auf einer gänzlich anderen Basis betrachtet: die Grundeinkommensdiskussion.[29] Ihre Quellen sind breit angelegt in der Geschichte der letzten zweihundert Jahre (Kovce/Priddat 2019). Wesentlich ist das Grundeinkommen eine Ausweitung des Wohlfahrtstaates, mit einer Umkehrung: der Staat zahlt nicht in vorübergehender Not und nach Bedürftigkeit, sondern grundsätzlich eine fundamentale oder Grundversorgung der Bevölkerung. Diese Aufwertung des Staates ist neuartig (vgl. auch Nassehi 2018). Man geht davon aus – das neue Narrativ: die große Erzählung –, dass hypermoderne Wohlfahrtstaaten so reich sind, dass sie eine durchgehende Grundversorgung leisten können (Osterkamp 2017) (ohne dass die Finanzierungsfragen wirklich geklärt sind[30]). Und man unterstellt, dass der Staat die Umverteilung der Ein-

man mit dem Grundeinkommen gut leben könne. Das sind liebenswerte Ansinnen, aber man unterschätzt gewaltig, dass nicht die Einschränkung des Konsums, sondern die Produktivität der Produktionen die Versorgung der Bevölkerungen leistet. Von der kleinen, lokalen, mikroökonomischen Perspektive muss man zwischendurch immer wieder auf die makroökonomische wechseln, um ermessen zu können, welche quantitativen Bedarfe erforderlich sind, die mit Selbstversorgung nicht erwirtschaftbar werden. Ich würde mir, wenn ich darf, eine alternative Ökonomie wünschen, die massenproduktiv ausgelegt ist (bei aller Sensibilität in ökologischer, ressourcialer, klimatologischer, sozialer Hinsicht).

[29] Häni/Kovce 2017; Straubhaar 2017; De Parijs/Vanderborght 2017; Vasek 2018b. Einen Überblick über die Literatur findet man in den Fußnoten der Einleitung zu Kovce/Priddat 2019: 11-53.

[30] „Das bedingungslose Grundeinkommen verspricht Befreiung vom Zwang der Arbeit und will aus der Not (Automation) eine Tugend (Geld auch ohne Arbeit) machen. Doch die Bedingung des bedingungslosen Grundeinkommens heißt: Wenige müssen mehr oder produktiver arbeiten, um das bedingungslose Grundeinkommen der vielen zu finanzieren" (Hank 2019: Sp. 6). Wie sich die Schaar der weiterhin Arbeitswilligen zur Schaar der Nicht-Mehr-Arbeitenden auspendeln wird, bleibt ein großes gesellschaftliches Experiment. Die Differenz zwischen denen, die aus Arbeit weiterhin Einkommen be-

kommen leistet. In dem Sinne bleibt der Staat, als ins Auge gefasster Garant des bedingungslosen Grundeinkommens, als Wohlfahrtsstaat weiter ‚im Amt'. Das Grundeinkommen bedeutet keine Entstaatlichung (allerdings gekoppelt mit dem Wunsch nach Bürokratiereduktion).

„Das bedingungslose Grundeinkommen ist eine Zuwendung, die jeder Bürger unabhängig von seiner beruflichen oder familiären Situation, aber auch unabhängig von seiner Arbeitsleistung, ja sogar unabhängig von seiner Arbeitsfähigkeit und Arbeitswilligkeit erhält" (Van Parijs in: Kovce/Priddat 2019: 374). Jeder Bürger soll lebenslang ein existenzsicherndes Einkommen beziehen.

Verstärkt wird dieses Narrativ durch eine andere Entwicklung: Allmählich bilden sich die Konturen der digitalen Revolution heraus. Im Silicon Valley wird von der Einführung des Grundeinkommens geträumt (z.B. Joe Schoendorf, Marc Andreesen, Tim Draper etc.): denn je stärker die Wirtschaft digitalisiert wird, desto stärker wird sie automatisiert, und die freigesetzten Menschen haben keine Einkommen mehr aus Beschäftigung und Arbeit. Wer soll dann all die *digital products* and *services* kaufen? Von welch anderem Einkommen als von einem Grundeinkommen?

Die Forschungslage zur erwartbaren Arbeitsfreisetzung durch die Digitalisierung weist sehr heteronome Schätzungen auf: 7 % bis 60 % (vgl. Arntz/Gregory/Zierahn 2018). Aus den vorherigen Automatisierungsepochen gibt es Erfahrungen, dass gewöhnlich wieder neue Tätigkeiten und Berufe entstehen. Neu ist jetzt allerdings der Umstand, dass die Digitalisierung in allen Branchen und Bereichen parallel durchgeführt wird; es gibt keine Puffer- bzw. Ausgleichszonen. Für den Grundeinkommensdiskurs ist allenthalben vorentschieden, dass große Teile

ziehen, und denen, die auf das bedingungslose Grundeinkommen angewiesen sein werden, bildet eine neue Schere zwischen arm und reich. Denn es bleibt zu fragen, wie lange die Grundeinkommensbezieher auf den Konsum verzichten wollen, den die Arbeitsamen aus ihrem Einkommen ihnen vorleben. Der Vorteil, nicht mehr arbeiten zu wollen (oder zu können), senkt ja nicht automatisch den Anspruch, an einem guten Konsumlevel teilhaben zu wollen. Werden politische Wahlen dann zu Tarifkämpfen um Grundeinkommenserhöhung?

der Bevölkerung digitalarbeitslos werden.[31] Die Automatisierung wird
als ein schicksalhafter Prozess angesehen, der die Arbeit abschafft, aber
nicht mehr nur als Befreiung wie bei Marx[32] und Keynes, sondern als
Ergebnis technologischer Notwendigkeit.

Was bei Marx und Keynes als Reich der Freiheit und Kreativität, als
höchste zivilisatorische Entwicklungsstufe des *homo sapiens sapiens*
verkündet war, wird heute eher funktional betrachtet – als Konsequenz
der digitalen Automatisierung der Lebenswelt. Die Freiheitansprüche
enden in neuen Notwendigkeiten. Die Menschen werden arbeitslos,
weil die Automatisierung, so das neue Narrativ, keine Arbeit übriglässt
(kritisch Lobo 2018; auch Hertzog 2019). Statt Einkommen aus Arbeit
zu erlangen müssen sie anders versorgt werden.[33] Dass sie dann auch
freie Zeit haben, ist sekundär. Und eher riskant: ein Ort gesellschaftlicher und individueller Leere. „Was machen wir dann den ganzen
Tag?" (Nassehi 2018). Das ist keine leichtfertige Frage, da die Unterstellung der Freunde des bedingungslosen Grundeinkommens, dass die
Menschen endlich ihre kreativen Potentiale entfalten können, spekula-
tiv bleibt.[34] Bei Marx und Keynes war die Voraussetzung der freien

---

[31] Der Historiker Carl Benedikt Frey sieht das etwas anders: historisch lässt
sich zeigen, dass nach einer Entlassungswelle bei Automationen danach
immer wieder neue Arbeitsplätzen entstanden wären. Allerdings dürfen man
die zeitliche Versetzung nicht übersehen: die neuen Arbeitsplätze kämen viel
später und vornehmlich nicht für die, vorher entlassen wurden (Frey 2019).

[32] Nur der Politologe Christoph Butterwege sieht das Grundeinkommen eindeutig noch auf Marx'scher Linie: „Das Bedingungslose Grundeinkommen
wirkt egalitär, ist aber in Wirklichkeit elitär, weil es nach dem Lebensentwurf
eines Lottogewinners oder eines reichen Müßiggängers konstruiert wurde. Es
scheint, als wollten seine Anhänger den Kommunismus im Kapitalismus verwirklichen. An der sozialen Ungleichheit und der sich vertiefenden Kluft zwischen Arm und Reich könnte das Grundeinkommen indes nichts Wesentliches
ändern" (Butterwege 2017).

[33] Paul Ariès schlägt anstelle eines Grundeinkommens eine Gratisversorgung
vor (Ariès 2019), gleichsam als eine neue Form der Daseinsfürsorge; es geht
ihm vornehmlich um eine „Politik der Entkommerzialisierung" bzw. Demone-
tarisierung der Gesellschaft (dito: 66).

[34] Keynes hatte bereits die Sorge, „der Überfluss der Zeit könne zu einem
‚Nervenzusammenbruch jener Art' führen, die schon oft genug unter den Ehe-

Tätigkeit Bildung (bei Keynes indirekt, denn wer kreativ schreiben, malen, dichten etc. wollen würde, muss eben dafür auch gebildet sein). Wenn das Grundeinkommen bedingungslos ausgezahlt wird, dann ist die Anstrengung zur Bildung im Konzept nicht mehr enthalten.[35] Es fehlt die (bisher) wichtigste Bedingung für die persönlichkeits-entwickelnde kreative Tätigkeit.[36] Es bleibt allein das Lafargue'sche Ausleben der Leidenschaft (vgl. auch Barthes 2012; Sahraoui 2018). Beim Grundeinkommen geht es um die freie Wahl zwischen Lohnarbeit oder – z.T. viel geringerer – Staatsauszahlung. Erst jetzt entdeckt man, dass das Grundeinkommen eine mögliche Lösung des Arbeitsfreisetzungsproblems der *digital revolution* sein könnte. Damit wird es zu einem erweiterten Sozialunterhaltsprogramm, ohne irgendeine zivilisatorische Idee. Statt Arbeit gibt es Geld. Wenn es aber keine Arbeit mehr geben sollte, entfällt die Wahl, die das Konzept des bedingungslosen Grundeinkommens anbieten möchte. Man muss dann das Grundeinkommen mangels Alternative annehmen. Das Arbeits-Personal der

frauen der wohlhabenden Klassen geschehen. Aber Keynes hoffte, dass das nicht geschehen werde" (Skidelski/Skidelski 2013: 30; Maak 2017).

[35] Rigmar Osterkamp weist darauf hin, dass beim bedingungslosen Grundeinkommen unklar bliebe, welche Auswirkungen es auf Vermögensbildung hätte, die Bereitschaft zur Umschulung und Fortbildung, auf den Kinderwunsch und auf das gesellschaftliche Engagement (vgl. Osterkamp 2017: Sp. 3). In den USA wird neben dem Grundeinkommen weiterhin eine Liste von Fürsorgedienstleistungen gefordert (Spencer 2018), die man sich nicht leisten könnte, hätte man nur das, relativ geringe, Grundeinkommen zur Verfügung. Es bleibt tatsächlich offen, ob man sich von dem Grundeinkommen, das ja auch die Rente ersetzt, sich z.B. die Plätze in Pflegeheimen leisten könnte. Wenn nicht, was offensichtlich ist, müsste weiterhin eine Sozialfürsorgebürokratie die Differenzen übernehmen, die das Grundeinkommen offen ließe. Das gilt dann auch für weitere specifica: bei Behinderten, Schwerkranken etc.

[36] „Für gute Arbeit müssen wir auf die Barrikaden gehen – nicht für mehr Freizeit" (Vasek 2018a: These 36; vgl. auch Seel 2018: 65). Eine andere sozialphilosophische Haltung lesen wir bei Wolfgang Mazal: „Wenn nicht alle Menschen höher qualifiziert werden können, ist es doch der Würde des einzelnen geschuldet, Menschen zu beschäftigen, und sie nicht bloß auf Transfereinkommen zu verweisen. Wer ein ‚Recht auf Arbeit' für wichtig hält, sollte sich nicht mit einem ‚bedingungslosen Grundeinkommen' zufrieden geben" (Mazal 2018: 2001).

kapitalistischen Epoche, das über 200 Jahre seine Energien verbraucht hat, wird schlussendlich ausbezahlt, als neue Klasse arbeitsloser Rentiers.

Unter der Bedingung, dass man wählen kann zwischen Einkommen aus Arbeit und – stark gemindertem – arbeitslosem Einkommen (Precht vergleicht die verschiedenen Vorschläge und ermittelt 1500 Euro (Precht 2018: 132)), bleibt es ein Freiheitskonzept (vgl. dazu besonders Van Parijs/Vanderborght 2017; Straubhaar 2017; Vasek 2018b). Aber es ist mit einer, kaum bemerkten, zweiten Freiheit und damit mit einer zweiten Wahl verbunden: man kann sich kreativ entfalten – insoweit entspricht es der Marx/Keynes-Utopie –, oder aber man kann nichts tun. Dann entspricht es dem Lafargue'schen ,Recht auf Faulheit'.[37] Die Freiheit, nichts zu tun (für sich nicht, für die Wirtschaft nicht, für die Gesellschaft nicht), fördert eine egozentrische Attitüde, die nicht nur die protestantische Ethik endgültig abbricht (vgl. Kap. 1 in diesem Band)[38], sondern auch die Marx/Keynes-Utopie, dernach die Freiheit

---

[37] Eine dritte Version ist diese: Paul Ariès geht über das bedingungslose Grundeinkommen hinaus, plädiert für die Gratisversorgung: „Sie kann uns dabei helfen, von der Haltung des Haben-Wollens zu einem Genuss des Seins zu gelangen. Sie kann uns dabei helfen, mit der Logik des ,Immer-Mehr' (dem ,Immer-Mehr' des ökonomischen Reichtums, der Macht über die anderen und den Planeten) zu brechen. Sie kann uns dabei helfen, zu erkunden, ob der Sinn unserer Existenz statt in der Anhäufung von Gütern nicht vielmehr im teilen und geben besteht" (Ariès 2019: 66). Was hier in einer planetarischen Philosophie vorgetragen wird, ist ein in der Debatte immer wieder mitklingender Anspruch, die Gesellschaft neu zu sozialisieren, indem jedwelche Anspruchshaltung in einen ,Genuss des Seins' gewandelt wird. Dabei fällt auf, dass der Anspruch der Kreativität in den Hintergrund tritt und eine Art des Soseins des Lebens vortritt. Das korrigiert Lafargues ,Faulsein' in eine Vision des Lebens-Genusses. Die Gratisversorgung soll eine zivilgesellschaftliche Instanz sein, keine staatliche wie das bedingungslose Grundeinkommen (wir haben es mit differenten Allokationsformen der Versorgung zu tun).

[38] Lisa Herzog betrachte die Arbeit als ein fundamentales Dispositiv der Menschen (Herzog 2019), das durch digitale Arbeitslosigkeit nicht aufgebraucht wird, sondern einer anderen Gestaltung der Arbeitswelt bedürfe. Nicht-Arbeit mit Grundeinkommen ist keine Alternative.

von der Arbeit zur Bildung des ganzen Menschen führte.[39] Und sie bricht mit dem, oft impliziten, Anspruch mancher Vertreter des bedingungslosen Grundeinkommens, die Gesellschaft stärker als bisher zu *re-sozialisieren*. Man ist so frei, arbeitslos, tätigkeitslos und ungebildet zu bleiben.[40] Hier endet die Anthropologie des auf Vervollkommnung ausgerichteten europäischen Menschenbildes[41], ohne ein neues auszubilden.[42]

---

[39] Bei Stephan Lessenich bleibt die Muße, als Lafargue'sche ‚Faulheit' – Lessenich schreibt es in der Einleitung zu Lafargues Buch –, eine Utopie der Zeitsouveränität, die es den Menschen ermöglich würde, „immer Zeit zu haben. Sie könnten immer selbst über ihre Alltags- wie über ihre Lebenszeit verfügen, könnten ihr Zeitbudget – in den für die Sicherstellung der gesellschaftlichen Reproduktion gebotenen Grenzen – eigentätig, situationsabhängig und lebensphasenbezogen ihre Arbeitszeit und Freizeit, Eigenzeit und sozial geteilte Zeit aufteilen. Sie wären – für uns wahrscheinlich unvorstellbar – zeitsouverän" (Lessenich 2014: 25). Es ist eher wieder Schillers ‚Spiel', aber fernab von der Marx/Keynes-Idee der Zeit zur Bildung (*time to leisure*), die erst die Souveränität ausbilden lassen könnte. Als wäre man schon immer bereits der ganze Mensch, wenn man nur Zeit dafür hätte. Ähnlich Rifkin 2004; auch Kurz/Rieger 2013.

[40] „A Universal Basic Income focused on economics is a system that appeases the individual by providing just enough to survive while denying them the opportunity to transform their situation in a meaningful way" (River 2019). Es gibt keinen Anreiz mehr für Weiterbildung und Erwerb neuer Kompetenzen. Wir würden in ein großes soziales Experiment gehen, dessen Ausgang wir nicht kennen: wenn niemand mehr motiviert wird, seine Kompetenzen auszubilden (bisher auf Arbeit und Einkommen ausgerichtet), wird die Wissens-Diversität zunehmen. Und es bleibt zu fragen, was Menschen, die sich zu keiner Bildung mehr motiviert fühlen, politisch entscheiden können in einer komplexer werdenden Welt?

[41] Das in der Schiller'schen Version prototypisch idealisch ausgefaltet wurde (vgl. Kap. 2 in diesem Buch).

[42] „Unsere Vorstellung von Arbeit basiert auf einem negativen Menschenbild und auf dem Prinzip der Angst. Der Arbeiter läuft zu Höchstleistungen auf in der Furcht, gefeuert oder wegrationalisiert zu werden. Die Angst vor strafenden höheren Stellen wurde durch das protestantischen Arbeitsethos aus dem Reich der Metaphysik in die Welt der Ökonomie übertragen und so zur Grundlage des Frühkapitalismus" (Maak 2017: Sp. 4).

Der Arbeitswissenschaftler Wilhelm Bauer (IAO) formuliert das
neue Narrativ, auf dass sich viel heutzutage einigen können: „In 100
Jahren werden wir ganz viele Menschen haben, die ganz viel Zeit für
kreative Tätigkeiten haben, während die heutigen manuellen Tätigkeiten von intelligenten Maschinen gemacht werden" (Bauer, zit. in: Benrath 2019: Sp. 5). Dieses Bild der neuen Verteilung von Hand- und
Kopfarbeit bevorzugt die einseitige Einbildung der Erleichterung und
Anstrengungslosigkeit[43], wobei übersehen wird, dass die intelligenten
Maschinen auch vieles aus dem kreativen Bereich mit erledigen können
werden (Radermacher 2015).

Denn selbst wenn das neue Narrativ, die Automation würde endgültig – für viele – die Arbeit abschaffen, stimmen würde[44], ist der Ab-
bruch des zivilisatorischen Telos, die leere Freiheit, sich von Wirtschaft
und Gesellschaft gänzlich zu entbinden, der Verzicht auf jedes Versprechen einer Entwicklung des Humanen.[45] Es gibt hier kein gesell-

---

[43] Auf die Frage, auf welche Weise KI der Menschheit am besten dienen
könne, antwortet Sophia: „KI könne das Leben sicherer und bequemer
machen, damit Menschen sich erfüllenden Aufgaben zuwenden oder mehr
Zeit mit Freunden und Familie verbringen können" (Sophia, zit. in: Scheer
2017: Sp. 2. Der Roboter Sophia antwortet auf vorher einzureichende Fragen).
Die Antwort ist schon längst das Mantra der KI-Forschung zu Beruhigung
ängstlicher Gemüter. Interessant dabei ist die wie selbstverständlich mitge-
lieferte Verkürzung der Arbeitszeit und die implizite Kritik an den bisherigen
kapitalistischen Lebensformen, die anscheinend aus lauter nicht-erfüllenden
Aufgaben bestanden.

[44] Wir wissen es einfach noch nicht, aber verstärken so ein Bild, dass uns
davon abhält, zu überlegen, was denn anderes zu tun wäre als nichts. Vgl.
dazu Herzog 2019.

[45] Thomas Vasek weist darauf, dass in den hypermodernen Unsicherheiten
Freiheit und Sicherheit zusammen den Reiz des Grundeinkommenskonzeptes
ausmachten (Vasek 2018b). Die existentielle Sicherheit ersetzt den Bildungs-
fokus, sie befreit die Arbeit von jedwelchem Zwang, der die Unternehmen
nötige, ihre Arbeitsangebote attraktiver zu machen, da man ansonsten in den
Modus des bedingungslosen Grundeinkommens zurückgehen könne und nicht
arbeiten müsse.

schaftliches Konzept mehr (unabhängig von der Frage der Finanzierbarkeit und der diffusen Anreizwirkungen bis -irritationen).[46] Ebenso diffus bleiben die Erwartungen, die Grundeinkommensfinanzierten würden sich kreativen Tätigkeiten widmen, endlich ‚ihr Leben leben' anstatt für es zu arbeiten.[47] Wir wissen es nicht, weil ja, wie eben gezeigt, die zweiten Freiheit der Wahl des Nichtstuns möglich ist.[48] Ida Auken, ehemalige Umweltministerin Dänemarks, schildert eine Welt, in der die Maschinen die Wertschöpfung übernehmen und wir dadurch frei werden, statt zu arbeiten Muße zu haben. Soweit bleibt sie noch im Marxo-Keynes'schen Bild. Roboter haben die Arbeit übernommen, Privatbesitz ist abgeschafft, Miete ist frei, weil freier Wohnraum optimal genutzt wird (Auken 2016). Nachdem die Roboter die Arbeit übernommen haben, haben wir Zeit, „gut zu essen, gut zu schlafen und Zeit mit anderen zu verbringen", lesen wir bei Ida Auken (für das Jahr 2030, wie bei Keynes). Das ist nichts anderes als unser aktuelles Freizeitprofil; zudem wird „alles in Unterhaltung verwandelt".

[46] Wer sich frei entschiedet, keiner Arbeit und keiner Tätigkeit nachzugehen, bleibt tendenziell bildungsfern und begibt sich damit jeder späteren Rückkehr in Arbeitsverhältnisse, weil wir für eine digitalisierte Gesellschaft annehmen müssen, dass ständige Requalifizierungen nötiger werden als heute. Wer dann ständig nicht mehr arbeitet, fällt auch aus dem Dispositiv der Arbeit heraus: Arbeit ist mehr und mehr ein Agieren in einer Wissensgesellschaft, mit den dazu gehörigen Wissensanstrengungen, denen die Muße als *leisure-time* nicht hinreicht.

[47] Das hatte 1998 Andre Gorz als sinnhafte Lösung zum Ende der Arbeitsgesellschaft erhofft (Gorz 1998: 134-135; vgl. auch Gorz, in: Kovce/Priddat 2019: 412-444). Aus den USA aber hören wir, wie schwierig es sein kann, nicht zu arbeiten: „Having too much free time might challenge a person's self-image. For a man who provides for his family, Hamermesh says, ‚if I have so much time that I can spend it on, I don't know, watching television, maybe I feel I'm not a real man.' (This feeling could be related to the pressure many people feel to appear useful and in demand as they view for work in a competitive labor market.)" (Hamermesh zit. in: Pinsker 2019; vgl. Hamermesh 2019; ebenso: Sharif/Mogilner/Hershfield 2018). Vgl. zur Statusaufwertung durch harte Arbeit: Belezza/Paharia/Keinan 2016.

[48] Nichtwissen heißt hier, dass wir eben auch nicht wissen, ob nicht die bedingungslose Arbeitslosigkeit neue kreative Potentiale entfalten lässt (vgl. Maak 2017: Sp. 5; vgl. Blochs ‚tätige Muße').

Man nimmt, was man bekommt und lässt sich „von Algorithmen beraten, die besser wissen, was man eigentlich will". Die freie Zeit dient nicht mehr der kreativen Entwicklung des Menschen, sondern weitgehend dem *comfort of life*. Weder arbeiten wir,[49] noch sind wir kreativ, noch bilden wir uns. Alle alten Modelle versagen.[50]

---

[49] Wolfgang Ullrich macht allerdings darauf aufmerksam, dass die neue Konsumkultur eine Mitarbeitskultur beim Konsumieren wird, so dass Arbeit und Konsum komplementär, nicht gegeneinander stünden (Ullrich 2018). Die freie Zeit dient nicht mehr nur einem müßigen Konsumieren, sondern ist selber bereits schon Arbeit geworden (Zeitarbeit als Freizeitarbeit); allein die ständige Arbeit am Smartphone in jeder Minute der freien Zeit.

[50] Beim frühen Marx lesen wir von der Entfremdung der Arbeiter durch kapitalistische Lohnarbeit. Zygmunt Baumann zeichnet dem Umbruch nach, der die Bauern und Handwerker im 19. Jahrhundert aus ihren alten Haus- und Hof-Gemeinschaften in die Gemeinschaftslosigkeit der disziplinierenden Fabrikarbeit versetzt. Über die harte Arbeitsorganisation verlieren sich die alten Arbeitsqualitäten, Routinen und Sitten. Ehre, Reputation, Anerkennung etc. spielen keine Rolle mehr (Bauman 2014: Kap. 2).
In der Muße-Konzeption des Communismus erinnert Marx an die Gemeinschaftlichkeit des vernetzten Handels und Arbeitens der vorkapitalistischen Epoche. Eine nicht-entfremdete Lebensform würde wieder möglich, weil die Maschinen die Arbeit i.e.s. übernähmen (hier schließt Paul Mason an für seine Verteidigung des Humanismus (Mason 2019)). Aber zugleich denkt Marx diesen *remake* gesellschaftlich, nicht als Rückkehr zum *oikos*: zur familialen Haus- und Hofwirtschaft. Der Communismus muss dann als Super-Oikos erscheinen, der – als Gesellschaft, nicht mehr als enge Familie – politisch werden muss: das Narrativ des Super-Oikos des Communismus muss notwendig als Polis gestaltet werden. Man ahnt, dass Marx deshalb die freie und disponible Zeit des Communismus als Zeit der Bildung verstehen muss, weil nur so eine angemessene Politik gewährleistet werden kann (nicht vom ungebildeten Proletariat). Mit der Hoffnung der (allmählichen) Bildung für alle entsteht ein demokratisches Hintergrundbild (ohne je explizit zu werden) (zu Marx' Muße/Bildung/Politik-Nexus vgl. Priddat 2005).
Wenn heute im Grundeinkommensdiskurs die Kombination von freier Zeit und Grundversorgung zu Hoffnungen führt, alle Menschen würden erst jetzt kreativ sein können und daran ‚arbeiten', ‚sich selbst zu verwirklichen', dann ist das ein Bild kollektiver Selbstheiten, die in keiner Weise als *corpus politicus* sich ausbilden. Wozu auch politisch werden, wenn per Gesetz institutionell festgelegt und geregelt ist, dass jeder sein Auskommen habe? Spätes-

Dennoch wird das Grundeinkommen als dritte, als digitale Utopie verkündet:

„Seit der Antike und verstärkt seit der ersten und zweiten industriel-len Revolution träumen Dichter und Denker den Traum, den Men-schen von der Notwendigkeit zu befreien, unter Zwang arbeiten zu müssen. Der technische Fortschritt könnte diesen Traum im 21. Jahr-hundert für sehr viele Menschen Realität werden lassen, weil intelli-gente Maschinen mehr und mehr Arbeit übernehmen. Der Mensch als freier Gestalter seines Lebens – diese Version steht im Zentrum der humanen digitalen Utopie" (Precht 2018: 124).

Für die ‚freie Lebensgestaltung' erkennt diese Utopie „‚Arbeit' als das Bedürfnis sehr vieler Menschen, etwas zu tun, das ihr Leben erfüllt und Sinn stiftet" (Precht 2018: 124).[51] Dieses Bedürfnis nach freier Tätig-keit scheint sich mit dem Marx'schen Topos des gebildeten Menschen zu decken. Deshalb trennt die Utopie „den Begriff der ‚Arbeit' als freie Tätigkeit vom Begriff der Lohn- und Erwerbsarbeit" (Precht 2018: 124). Das hat strenge Implikationen: Wenn die Versorgung nicht mehr durch Erwerbsarbeit geschieht, und wenn der Lohn von der Arbeit ent-koppelt ist, ist die freie Tätigkeit wohl lebensinnstiftend, aber die mate-riellen Bedingungen des Lebens müssen anders geliefert werden.[52] Die

tens hier zeigt sich der gewaltige Unterschied der Marx'schen Konzeption zu den heutigen Vorstellungen, deren Grundtenor lautet: Anstrengungslosigkeit.

[51] „ZEIT ONLINE: Aber widerspricht das Grundeinkommen nicht dem Grundsatz, dass jeder für sich selbst sorgen sollte, ehe er Leistungen anderer in Anspruch nimmt? KOVCE: Wir können in modernen arbeitsteiligen Ge-sellschaften gar nicht anders, als andauernd Leistungen anderer zu be-anspruchen. Niemand arbeitet mehr für sich selbst, alle arbeiten dieser Tage für andere. Dennoch tun wir oftmals so, als seien wir archaische Selbstver-sorger auf der wilden Jagd nach Geldscheinen aus Esspapier" (Kovce 2019).

[52] Unklar bleibt, wenn das Grundeinkommen alle institutionellen Formen der Fürsorge ersetzen soll, welche gezielte Hilfen noch hinzukommen, die dann privat angeboten werden müssten. Denn mit dem Grundeinkommen wird nur Geld ausgezahlt, aber keine Fürsorge mehr bereit gehalten. Können sich die Grundeinkommensbezieher dann noch Formen der Pflege, der Fürsorge leisten? (Wegner 2019). Und was sind dann die Leistungen öffentlicher Güter? Zusätzliche nichtmonetäre Leistungen? Ist dann nicht das Grundein-kommen größer als nur durch die monetäre Auszahlung bemessen? Was

wirtschaftliche Allokation muss sich auf Zustellung bzw. *delivery* umstellen lassen. Der Versorgungsmodus ersetzt endgültig den klassischen Bildungsimpuls des Reiches der Freiheit. Wenn Marx die Bildung noch für eine ‚höhere Tätigkeit', d.h. für ein andere emanzipierte Form der Arbeit ansah, rückt der nun extemporierte Versorgungsmodus jede Anstrengung in den Hintergrund.[53]

Die digitale Utopie setzt auf ein Grundeinkommen, weil im Zuge der Durchautomatisierung nicht mehr genügend Lohnarbeit angeboten wird.[54] Bei Marx und Keynes (wie auch bei Lafargue) war immer von 2, 3, 6 Stunden Arbeit am Tag die Rede. Das ist keine therapeutische Zuweisung, sondern weist, bei aller Automatisierung, auf eine Reduktion der Arbeitszeit, nicht aber auf ihre völlige Aussetzung. In den Mensch/Maschine-Relationen wird (die verbleibende) Arbeit hochproduktiv. Der Gewinn ist freie Zeit (zur Muße), aber keine endgültige Beendigung der Arbeit. Diese Dimension entfällt in der digitalen Utopie.

Im *californian dream* der Hippie-Kapitalisten von Google, Amazon, Facebook etc. wird es etwas anders formuliert: das Glück der Billigtechnologien für alle (*to higher the comfort of life*) (Spencer 2017). Um das aber von allen kaufen lassen zu können, plädieren sie inzwischen für Grundeinkommen. Die Idee, die Märkte würden den *comfort of life* für alle heben, setzt allerdings voraus, dass der Staat umverteilende Regelungen entwirft, nach denen alle Einkommen bekommen, auch wenn sie nicht beschäftigt sind.[55] Die Zukunft der Märkte beruht dann

bedeutet das für seine Finanzierung (denn die hierfür nötige Bürokratie muss weiter finanziert werden).

[53] Es gibt Sorgen, „dass manche Menschen aufgrund des BGE ihre Arbeitszeit einschränken, und zwar soweit, dass das Gesamteinkommen der Familie (einschließlich BGE) geringer ist als vorher – die Armut in diesen Fällen also verfestigt wird" (Osterkamp 2017: Sp. 3).

[54] Dass man anstelle von Lohnarbeit selbständig werden könnte, wird nicht ernsthaft erwogen. Das wäre eine andere Form von Kreativität. Bei Parijs/ Vanderborght 2017 ist es immerhin eine Option.

[55] Es entsteht eine neue Spannung zwischen relativ niederem (Grund-)Einkommen und Konsum, der gerade dann, wenn man in der freien Zeit nichts tut, die Erwartungen auf Freizeitevents etc. erhöht, ohne sie aber in der geforderten Menge bezahlen zu können.

zum einen auf einer Kultur der technologischen Arbeitslosigkeit und auf einer – bis vor kurzem fast nicht mehr erwarteten – Zukunft des Staates.[56] Vor allem aber beruht es auf einer tendenziellen, vor allem zeitlichen Entkopplung von Leben und Arbeit[57], deren gesellschaftliche Wirkungen wir nicht wirklich ermessen können. Es hat den Anschein, als ob die großen Versprechen der digital *economy* der allumfassenden und jederzeitigen Lieferung von Waren (*delivery*) hier auf ein neues Sozialstaat-Narrativ übertragen werden: jederzeitige Lieferung von Einkommen (*social delivery*). Allokation wird zur Zustellung von Einkommen.[58]

[56] Es sei erstaunlich, so der Soziologie Nassehi, dass „den gebildeten Klassen bei der Bändigung des digitalen Kapitalismus nicht viel mehr einfällt als die Handlungsfähigkeit eines wohlwollenden Staates, von dem jene Vernunft erwartet wird, die die widerstrebenden Kräfte der Gesellschaft zusammenhält" (Nassehi 2018, in kritischer Einschätzung von Richard David Prechts Buch (Precht 2018): „ein utopischer Entwurf, der merkwürdig ortlos bleiben dürfte" (Nassehi 2018)).

[57] „Die ‚goldenen Jahre' (Hobsbawn) nach dem zweiten Weltkrieg waren in den westlichen Ländern deshalb so erfolgreich, weil sich Produktion, Konsum, Bildungszeiten, Zeitstrukturen der Lebensführung und versicherbare Daseinsvorsorge sachlich und zeitlich parallelisieren ließen. Wertschöpfungsketten passten zum Zeitbedarf von Lebensformen. (…) Wertschöpfungsketten werden sich (in der Digitalisierung; B.P.) von den Temporalstrukturen der Lebensformen entkoppeln, was ganz neue Anforderungen an das Institutionenarrangement der Gesellschaft stellen wird. Das dürfte das Szenario sein, das den digitalen Kapitalismus vom klassischen Industrie- und Betriebskapitalismus unterscheiden wird" (Nassehi 2018).

[58] „An dieser Stelle wird ein weiteres Problem des BGE sichtbar. Es kennt nur den Aspekt des Geldes. Es wird nur Geld überwiesen, aber nichts dafür getan, um Living Markets zu etablieren oder Formen des Marktes, die ein Ökosystem aktiv stützen. Das BGE funktioniert lediglich wie ein Lottogewinn in einer Gesellschaft voller MaterialistInnen, die nur behaupten, sie würden durch das Geld zu besseren Menschen, aber vom Materialismus eingelullt charakterlich zu schwach sind, um dies bereits im Vorfeld zu demonstrieren. Das BGE sieht aus wie eine soziale Idee, ist am Ende aber eine materialistische Utopie. Dennoch beinhaltet sie viele wichtige Diskurse, die heute gut und notwendig sind.

Und von Gratis-Zugängen (z.B. zu elektronischen Spielen) – eine Form der Gabenökonomie.[59] Welche Optionen tun sich auf?

Viele durch ein BGE implizierte Effekte, wie höhere Kreativität, mehr Engagement, die Honorierung von bisher unbezahlten Arbeitsformen sind in unserer auf Effizienz getrimmten Gesellschaft vollkommen unterentwickelt, denn sie ergeben in der klassischen Ökonomie, wie bereits umfassend beschrieben, keinen Sinn, keinen Nutzen, sprich, lassen sich aus der Logik der Sekundärökonomie nicht herleiten, weil die in diesem Buch beschriebenen Faktoren, die ein Ökosystem zum Leben braucht, darin nicht erkannt oder anerkannt werden. Daher kollidiert das BGE direkt mit dem Erfolgsbegriff und mit der Leistungsgesellschaft sowie mit der ErwerbsarbeiterIn, da diese hier eine Entwertung ihrer Leistungen gegenüber den „nicht Arbeitenden" befürchtet. Die BGE-BefürworterInnen geraten mit der ArbeiterIn in Konflikt, ohne auch nur im geringsten auf deren Sorgen einzugehen oder das BGE breiter zu kontextualisieren. Ein Kommunikationsdesaster, welches häufig zu dessen Ablehnung führt.

Das BGE will einerseits aus dem bestehenden System finanziert werden, andererseits argumentiert es mit Faktoren, die in der Sekundärökonomie keinerlei Rolle spielen, wie Selbstverwirklichung, ohne eine eigene ökonomische Theorie zu liefern, die diesen Wert für die Ökonomie erst begreifbar macht" (Speed 2019: 233).

[59] Offen bleibt, wie dieser Versorgungs-Modus sich auf die Aktivitätsniveaus auswirkt. Das Ansinnen der Befürworter des Grundeinkommens, die Menschen würden ihre Kreativität entwickeln, ist im Kontext der digitalen Versorgung von Unterhaltung und *gaming* nicht mehr ohne weiteres anzunehmen. Es entsteht ja keine ‚produktive Leere' (durch Entzug der Lohnarbeit), sondern ein Zeitüberschuss, der in Langeweile münden kann, die die (unbepreiste oder extrem billige) digitale Unterhaltungsindustrie absorbiert. „Is giving a Basic Income enough to payoff the untold adaption and misfortune?" (Spencer 2017). Die freie Zeit, für die Marx und Keynes so vehement eintraten, wird tendenziell zur Freizeit, die sich nur kostenträchtig füllen lässt (auch wenn man das elektronische *gaming* frei oder kostenminimiert anbietet). Mit der dann schwierigen Folge, die Höhe des Grundeinkommens politisch in Frage zu stellen. Was man jeweils als Ausgangszahlung berechnen mag, sie gerät in den politischen Verteilungsprozess der nachträglichen Aufstockungen *peu à peu*. Was als Grundsicherung aller beginnt, endet in Verteilungskämpfen, wenn die große Menge der Grundeinkommensempfänger gewahr wird, welche politische Potenz sie darstellt.

- Das bedingungslose Grundeinkommen definiert ein Relationsbündel <freie Zeit, Einkommen, Konsum>, unter Ausschluss der Arbeit, wenn sich, bei der dann möglichen Freiheit, gegen sie entschieden wird.

- Bei Marx haben wir eine ganz andere Relation: <reduzierte Arbeit, freie Zeit, Bildung>. Das Einkommen wird als Bedingung dieser Arbeit/Muße-Beziehung vorausgesetzt, in seiner Form aber offen gelassen.[60] Und die Bildung definiert ein Telos der freien Zeit (Bildung als Voraussetzung für die Politik, d.h. für die Gestaltung der Gesellschaft durch die Bürger selber). Wir haben es bei Marx mit einem geschichtsphilosophischen Projekt der Vollendung der Zivilisation zu tun, in dem ‚der Mensch als Gattungswesen zu sich selbst kommt'.[61] (vgl. auch Kap. 4 in diesem Buch).

- Die Relation bei Keynes ist wiederum anders: <reduzierte Arbeit, freie Zeit, Kreativität>. Bei Keynes ist das Einkommen eindeutig: 500 Pfund für jeden. Hier ist keine Verwechslung mit dem Lohn mehr möglich.

- Da beide – Marx wie Keynes – nur noch geringe Arbeitszeiten in der allgemeinen Produktion vorsehen, gibt es keine Entscheidung zwischen Arbeit und Nicht-Arbeit, sondern lediglich eine reduzierte notwendige Arbeit, die nicht als Lohnarbeit, sondern als gesellschaftlicher Beitrag verstanden wird. Eine gewisse Arbeitsnotwendigkeit bleibt bestehen (Maschinenbedienung).

Dass alle, die dann noch arbeiten, über ihre – dann notwendig höhere – Besteuerung das Grundeinkommen finanzieren (vgl. Cremer 2018), d.h. dass hierfür eine Umverteilung vorgenommen wer-

---

[60] Es kann als allgemeine Grundversorgung gedeutet werden, oder aber als hochwertiger Lohn für hochproduktive Arbeit. Man muss eben nur 2-3 Stunden arbeiten, um eine gute Lebensversorgung zu bekommen, um freie Zeit zu haben für kreative Tätigkeiten neben der Reproduktionsleistung. Es geht nicht darum, die Kreativität zu bestimmen, sondern um die Freiheit, wesentliche Zeit nicht für den Lebensunterhalt arbeiten zu müssen.

[61] Auch Keynes denkt die Ökonomie ähnlich – aus der Tradition einer *theory of man* (der ‚schottischen Schule' des 18. Jahrhunderts: Ferguson, Hutcheson) als eine *civilizing agency*, nicht als Traum der materialen Extension.

den muss, macht zumindest deutlich, das es fatal und systemwidrig wäre, wenn alle nicht mehr arbeiten würden (über Unterschiede in den Grundeinkommenskonzepten vgl. Ketterer 2019). Über die sozialen Spannungen zwischen den Arbeitenden und den Grundeinkommensabhängigen wird noch wenig nachgedacht. Wegen dieser, letztlich politischen, Instabilität ist nicht gewährleistet, dass das einmal begonnene Grundeinkommen ‚ewig' bleibt. Welche kulturellen Änderungen haben stattgefunden, welche Muster hätten sich ausgebildet, wenn das Grundeinkommen einmal wieder zurückgenommen oder modifiziert würde?

5.6 Die verbleibende Frage

Wir werden uns damit länger noch auseinandersetzen müssen[62] – vor allem dass die Automation der Automation die Produktivität so erhöhen wird, dass wir von dieser Automatenwelt leben können. Insoweit bleibt Marx aktuell. Was wir – statt zu arbeiten – tun, ist eine kulturelle Herausforderung, die mit den alten Utopien nicht mehr beantwortet werden kann. Insofern ist Marx überholt – aber nicht wegen seines Automatisierungsoptimismus' und nicht wegen seiner spekulativen Produktivitätseinschätzung der Ökonomie, sondern wegen seines bildungsbürgerlichen Humanismus, der dem 19. Jahrhundert verhaftet bleibt und den Realitäten moderner Konsumgesellschaften nicht gerecht wird.

Was aber – die verbleibende Frage – sind heutige Gesellschaftsutopien? „Welche Sinnquellen werden wir uns dann erarbeiten müssen?" (Nassehi 2018: Sp. 5). „Aus der Verkürzung der Arbeitszeit entsteht unmittelbar nur ein Leerraum" (Haag 1983: 190). Armin Nassehis Frage: „Was machen wir dann den ganzen Tag?" (Nassehi 2018) zielt darauf, wie man vermeiden kann, dass „permanenter Zeitvertreib zum einzigen Sinn wird, man könnte auch sagen: Fluch der Existenz" (Haag

---

[62] Das Bundesministerium für Arbeit und Soziales (BMAS) beschäftigt das Thema im Rahmen des Großvorhabens „Sozialstaat 4.0" sehr eingehend (2019). Unter grün-schwarz, hört man aus dem Ministerium, wird das SGB II (Sozialgesetzbuch: Grundsicherung für Arbeitssuchende) einige Meter in Richtung BGE (Bedingungsloses Grundeinkommen) verschoben.

1983: 198). „Einer Welt, die sich ausschließlich auf die Arbeit versteht, muss die Androhung einer Welt ohne Arbeit als Absturz in das Nichts erscheinen" (Hank 2019: Sp. 2).

„Was uns bevorsteht", lesen wir bei der Philosophin Hannah Arendt, „ist die Aussicht auf eine Arbeitsgesellschaft, der die Arbeit ausgegangen ist, also die einzige Tätigkeit, auf die sie sich noch versteht. Was könnte verhängnisvoller sein?" (Arendt 1981: 12).[63]

Hannah Arendt war skeptisch gegenüber der Utopie der Bildungswelten, die die freie Zeit der automatisierten Wirtschaft eben nicht mehr füllen würden. Das abendländische Potential der *vita activa*, der selbst handelnden und politisch entscheidenden Menschen, sei zivilisatorisch verbraucht. Mit dem Konzept des ‚arbeitenden Tiers' (*animal laborans)* ist

„die Idee der Arbeit zum Universalparadigma allen Handelns geworden. Was immer wir tun, wird infolgedessen, so Arendt, differenzlos nur noch als Arbeit verstanden und verständlich. Nichts anderem als allein der Form der Arbeitsproduktivität verstehen wir noch Wert zuzumessen oder Wertschöpfung zuzutrauen. Was daraus folgt, liegt auf der Hand: Selbst wenn wir die Mühen der Arbeit ganz abschafften, verstünden wir uns immer noch als Arbeitende – und lebten mit diesem Selbstverständnis dann in einer total virtuellen Welt, in einem System, das auf dauernde Reproduktion dessen, was je schon da ist, ausgelegt ist und alles, was sich verändert, alle Innovationen nur da hinein investiert. Reproduktivität ist nun mal das Prinzip der Arbeit als Erwerbsprinzip. Darüber kann dann auch die ganze Welt verloren gehen in einer nurmehr künstlichen Natürlichkeit" (J. Gimmel in: Wiedinger 2018: 147; vgl. auch Gimmel 2017 und Röttgers 2014).

Das Reich der Freiheit als Freiheit von der Arbeit –

„dieses kommunistische Paradies enthemmter Freizeitgestaltung – fischen, jagen oder auch ein Buch lesen, wann immer es einem

---

[63] Für Arbeiter, die ihr Leben lang tätig waren und Steuern wie Sozialabgaben gezahlt haben, ist es nicht begreiflich, dass plötzlich alle Menschen ein Einkommen bekommen sollten, ohne die Mühewaltung, zu der sie sich als Arbeiter verpflichtet hatten. Es wird für Politiker schwierig, dieser großen Zahl klarzulegen, weshalb sie das bedingungslose Grundeinkommen wollen sollten; es erscheint ihnen als eine Entwertung ihres Lebens.

beliebt – das er (Marx; B.P.) da an den Himmel malt, das ist schon eine sehr kleinbürgerliche Vorstellung menschlicher Aristokratie. Sie passt allerdings bestens zur Wunschmaschine der Arbeitsgesellschaft. Wenn das künftig nun aber systembestimmender Alltag und nicht mehr nur Kompensation des Gegenteils und Erholung vom Arbeitsstress sein wird, dann wird das überhaupt erst Stress: Was ist das und wie geht das, das Management der eigenen Nutzlosigkeit und Überflüssigkeit? Das zu bewerkstelligen, wird eine völlig neue kulturelle Herausforderung" (W.D. Enkelmann, in Wiedinger 2018: 146).

„Denn es ist ja eine Arbeitsgesellschaft, die von den Fesseln der Arbeit befreit werden soll, und diese Gesellschaft kennt kaum noch vom Hörensagen die höheren und sinnvolleren Tätigkeiten, um derentwillen die Befreiung sich lohnen würde" (Arendt 1981: 81).

Jetzt beginnen wir zu verstehen, dass die Idee des bedingungslosen Grundeinkommen, im Kontext einer Arbeitswelt geboren[64], fast notwendig mit der Idee der kreativen, gar selbstbestimmten Tätigkeiten verknüpft werden muss, um legitimiert zu sein. Es ist die Version eines *new work* (Bergmann 2019). Die lafargue'sche Version des legeren Lebens wird explizite oder implizite als a-sozial verworfen. Nur Grundeinkommen zu beziehen, ohne der Gesellschaft, in welcher möglichen Form, etwas zurückzugeben, erscheint als parasitär. Die neoromantische Version des bedingungslosen Grundeinkommens, ‚in den Tag hinein zu leben', ist mental nicht verkraftbar. Außer in einer Version, die bei Herbert Marcuse formuliert wurde: Freiheit, Sinnlichkeit und Spiel. Die zivilisatorische Ästhetik des Spiels, die Marcuse von Schiller übernimmt, bekommt eine konsumkulturelle Dimension, in der die Grenzen zwischen Arbeit, Freizeit und Vergnügen ineinander fließen. Marcuses Spiel erhält in der digitalisierten Welt, für die das bedingungslose Grundeinkommen neuerdings das passende Komplementär zu werden scheint, einen ganz anderen Sinn: als virtueller Vergnügungspark des *gaming*. Letzthin aber hängt alles von der Höhe der bedingungslosen Auszahlungen ab.[65]

---

[64] Zur Theoriegeschichte des Grundeinkommens vgl. Kovce/Priddat 2019.

[65] Über die verschiedenen Grundeinkommensmodelle, ihre Vor- und Nachteile vgl. Ketterer 2019: tabellarisch bes. S. 407.

Armin Nassehis Frage: was machen wir dann den ganzen Tag? erfährt eine post-Schiller'sche Antwort, die selbst Marcuse in dieser Diktion nicht für möglich oder gar sinnvoll gehalten hätte. Wir sollten uns bewusst werden, dass im 20. Jahrhundert die Relation Arbeit/Freizeit starke soziale Muster ausgeprägt hat in der Verwendung freier Zeit, die bei der relativ geringen Auszahlungshöhe des Grundeinkommens nur die Frage aufwirft, wie der Freizeitkonsum finanziert werden soll. Deshalb sind die Produkte des ‚Silicon Valley' „als Ausstatter des neuen Zeitalters" (Pias 2019: Sp. 6) kostengünstig bis frei zugänglich: eine notwendige Bedingung für das Grundeinkommensmodell, das in seinem Anreiz zur Tätigkeitsarmut ‚Brot und Spiele' bereit halten muss für die Tätigkeitslosen.

Es ist kein Zufall, dass die Silicon Valley-Industrie Games und andere elektronische Beschäftigungen anbietet, um die Freizeit der Systemarbeitslosen auszufüllen. Die alten Bildungszivilisationspläne (Marx, Keynes) finden kein Publikum mehr. Es geht heute nicht mehr um die Befreiung oder Emanzipation von der Arbeit, sondern um eine Beschäftigung 2ter Ordnung: um grundeinkommensbezahlte Event-Strukturen. Von Arbeit wie von anderen gesellschaftlichen Anforderungen entlastet, werden Ersatz-Beschäftigungen nötig, um die Entlastungen von Lebenssinn zu kompensieren.

Literaturverzeichnis

Agamben, G. (2012): Poiesis und Praxis, in: ders.: Der Mensch ohne Inhalt, Berlin: Suhrkamp, S. 91-124.

Alvey, J. (1988): Adams Smith's Moral Justification for free Enterprise. Economic Growth, in Asian Economics, No. 67, S. 5-28.

Arendt, H. (1981): Vita activa oder vom tätigen Leben, München: Piper.

Ariès, P. (2019): Mehr als nur Brot und Spiele, (Interview), 64-68, in: AGORA42, Nr. 3/2019

Arntz, M./Gregory, T./Zierahn, U. (2018): Digitalisierung und die Zukunft der Arbeit: Makroökonomische Auswirkungen auf Beschäftigung, Arbeitslosigkeit und Löhne von morgen, Bundesministerium für Forschung und Entwicklung (BMBF), Mannheim. http://ftp.zew.de/pub/zew-docs/ gutachten/DigitalisierungundZukunftderArbeit2018.pdf [Zugriff: 24.07.2019].

Arrow, K.J. (1979): Rational Discourse and Conflicts in Value & 'judgement', in: Betz, H.K. (Hrsg.), Recent Approaches to Social Sciences, The University of Calgary: Calgary, S. 3-16.

Auken, I. (2016): Welcome to 2030. I own nothing, have no privacy, and life has never been better, https://www.weforum.org/agenda/2016/11/shop ping-i-can-t-really-remember-what-that-is [Zugriff: 24.07.2019].

Barthes, R. (2012): Mut zur Faulheit, in: Dilmaghani, D./Saharoui, N. (Hrsg.): Kleine Philosophie der Faulheit, Frankfurt (Main): Fischer Taschenbuch.

Bataille, G. (2001): Die Aufhebung der Ökonomie, Berlin: Matthes & Seitz.

Baudrillard, J. (1972): Pour une critique de l'économie politique du signe, Paris: Gallimard.

Baudrillard, J. (1975): The Mirror of Production, St. Louis: Telos Press.

Baudrillard, J. (1994): Interview mit F. Ewald, in: lettre international, 1994, 7. Jg., H. 26, 1994, S. 16-18.

Baumol, W.J. (2008): Really Thinking Long Run: Keyne's Masterpiece, in: Pecchi, L./Piga, G. (Hrsg.): Revisiting Keynes: Economic Possibilities for Our Grandchildren, Cambridge: MIT Press, S. 199-206.

Becker, G.S./Rayo, L. (2008): Why Keynes Underestimated Consumption and Overestimated Leisure for the Long Run, in: Pecchi, L./Piga, G. (Hrsg.): Revisiting Keynes: Economic Possibilities for Our Grandchildren, Cambridge: MIT Press, S. 179-184.

Beckert, J. (2016): Imagined Futures: Fictional Expectations and Capitalist Dynamics, Cambridge/Massachusetts: Harvard University Press.

Binswanger, H.C. (2013): Die Wachstumsspirale: Geld, Energie und Imagination in der Dynamik des Marktprozesses, 4. Aufl., Marburg: Metropolis.

Belezza, S./Paharia, N./Keinan, A. (2016): Conspicuous Consumption of Time: When Busyness and Lack of Leisure Time Become a Status Symbol, in: Journal of Consumer Research, 2017, Jg. 44, H. 1, https://doi.org/10.1093/jcr/ucw076 [Zugriff 24.07.2019], S. 118-138.

Benrath, N. (2019): Herr W. schweißt am digitalen Wandel, in: FAZ Nr. 109/2019, S. C1

Binmore, K. (2009): Rational Decisions, Princeton: Princeton University Press.

Blanc, L. (1847/1839): Organisation du travail, 5. Aufl., Paris: Bureau de la Société de l'Industrie Fraternelle.

Blaug, M. (1990): John Maynard Keynes, Basingstoke: Palgrave Macmillan.

Bloch, E. (1985): Prinzip Hoffnung, Bd. 2, Frankfurt (Main): Suhrkamp.

Blomert, R. (2012): Adam Smiths Reise nach Frankreich oder die Entstehung der Nationalökonomie, Berlin: Die Andere Bibliothek.

Blumenberg, H. (1957): Nachahmung der Natur, in: Studium Generale, 1957, Jg. 10, H. 5, S. 266-283.

Böhme, G. (2016): Ästhetischer Kapitalismus, Berlin: Suhrkamp.

Boldrin, M./Levine, D.K. (2008): All the Interesting Questions, Almost All the Wrong Reaons, in: Pecchi, L./Piga, G. (Hrsg.): Revisiting Keynes: Economic Possibilities for Our Grandchildren, Cambridge: MIT Press, S. 161-177.

Boltanski, L./Chiapello, E. (2003): Der neue Geist des Kapitalismus, Konstanz: UVK.

Boltanski, L./Esquerre, A. (2018): Bereicherung. Eine Kritik der Ware, Berlin: Suhrkamp.

Borchmeyer, D. (1984): Aufklärung und praktische Kultur, in: Brackert, H./Wefelmeyer, F. (Hrsg.): Naturplan und Verfallskritik. Zu Begriff und Geschichte der Kultur, Frankfurt (Main): Suhrkamp, S. 122-147.

Brodbeck, K.-H. (1996): Erfolgsfaktor Kreativität. Die Zukunft unserer Marktwirtschaft, Darmstadt: Wissenschaftliche Buchgesellschaft.

Bunia, R. (2016): Der Wert der Arbeit. Kapitalismus und Zivilisation, in: Enkelmann, W.D./Priddat, B.P. (Hrsg.): Was ist? Wirtschaftsphiloso-phische Erkundungen, Bd. 3, Marburg: Metropolis, S. 25-46.

Burckhardt, M. (2018): Der Kapitalismus ist tot (er weiß es nur noch nicht). Marx' ‚Maschinenskript' und die Logik des Plattform-Kapitalismus, in: Merkur, 2018, Jg. 72, Nr. 831, S. 21-33.

Butterwege, Chr. (2017): Das Grundeinkommen ist nicht egalitär, sondern elitär, in: SZ 11.10.2017

Caillos, R. (1958): Die Spiele und die Menschen. Maske und Rausch, Mün-chen/Wien: Langen/Müller.

Clark, P. (1983): The Politics of Keynesian Economics 1924-1931, in: Bent-ley, M./Stevenson, J. (Hrsg.): High and Low Politics in Modern Britain, Clarendon Press, S. 177-179.

Colombi, I. (2018). Wirtschaft ohne Arbeit. Zur Entwicklung des Arbeits-begriffs bei Aristoteles, Smith und Marx, in: Schäfer, G.N./Schuster, S.E. (Hrsg.): Auf Philosophischer Expedition. Interdisziplinäre Zu-gänge zur Ökonomie, Marburg: Metropolis, S. 27-46.

Danaher, J. (2018): The Case against work, in: The Philosopher's Magazin, https://www.philosophersmag.com/essays/184-the-case-against-work [Zugriff: 30.1.2019].

Davis, J.B. (2003): The Theory of the Individual in Economics, New York: Routledge.

De Gennaro, I. (2014): Was ist Muße?, in: eudia, 2014, Jg. 8, H. 8, http://www.eudia.org/wp/wp-content/uploads/De-Gennaro-Was-ist-Muße.pdf [Zugriff: 07.07.2019].

De Gennaro I. (2019): „The promised land". Das Bild der Zukunft in Keynes' „Economic possibilities for our grandchildren". In: Ötsch W.O., Schwaetzer H., Graupe S. (eds.), Bildlichkeit in Philosophie und Öko-nomie. Wiesbaden: Springer

Deligiorgi, K. (2011): The Proper Telos of Life: Schiller, Kant and Having Autonmy as an End, in: Inquiry, 2011, Jg. 54, H. 5, S. 494-511.

De Vries, J. (2008): The Industrious Revolution: Consumer Behaviour and the Household Economy. 1650 to the Present, Cambridge: Cambridge Uni-versity Press.

Dickhoff, A. (2018): Selbstausbeutung? Nein, Danke. In: Westfälische Allge-meine Zeitung, 22.05.2018, S. WWF 2.

Dilke, C.W. (1821): The Source and the Remedy of the National Difficulties, deduced from the Principle of Political Economy, zit. in: Sahraoui 2018: 81. Das Pamphlet war 1821 anonym erschienen.

Dobler, G./Riedl, P.P. (Hrsg.) (2017): Muße und Gesellschaft, Tübingen: Mohr Siebeck.

Dow, S, (2013): „Keynes on Knowledge, Expectations and Rationality", in: Frydman, R./Phelps, E.S. (Hrsg.), Rethinking Expectations: the Way Forward for Macroeconomics, Princeton: Princeton University Press.

Dupuy, J.-P. (2014): Economy and the Future. A Crisis of Faith, East Lansing/Michigan: Michigan State University Press.

Ehrenberg, A. (2004): Das erschöpfte Selbst, Frankfurt (Main): Campus.

Engel, A. (2014): Spiel, in: Dejung, C./Dommann, M./Speich Chasse, D. (Hrsg.), Auf der Suche nach der Ökonomie, Tübingen: Mohr Siebeck, S. 263-286.

Elster, J. (1983): Explaining Technical Change. A Case Study in the Philosophy of Science, Cambridge/New York: Cambridge University Press.

Enkelmann, W.D. (2018): Fn. 6 in: workshop: X = X hoch N. Technokratie – eine Annäherung. Dokumentation, 31.5.2018/Haus der Kulturen der Welt. Institut für Wirtschaftsgestaltung, Berlin.

Esposito, E. (2010): Die Zukunft der Futures: Die Zeit des Geldes in Finanzwelt und Gesellschaft, Heidelberg: Carl-Auer-Verlag.

Fitoussi, J.-P. (2008): The End of (Economic) History, in: Pecchi, L./Piga, G. (Hrsg.): Revisiting Keynes: Economic Possibilities for Our Grandchildren, Cambridge: MIT Press, S. 151-160.

Fourier, C. (1841): Oeuvres completes de Charles Fourier, Bd. 3, Paris: Société pour la propagation et la réalisation de la théorie de Fourier.

Freeden, M. (1986): Liberalism Divided, New York: Clarendon Press.

Gadamer, H.-G. (1976): Die Vernunft im Zeitalter der Wissenschaft, Frankfurt (Main): Suhrkamp.

Frey, C.B. (2019): The Technology Trap. Capital, Labour, and Power in the Age of Automation, Princeton University Press

Gadamer, H.-G. (1986): The Relevance of the Beautiful and Other Essays, Cambridge: Cambridge University Press

Galbraith, K. (1998/1958): Gesellschaft im Überfluß, München: Knaur.

Geremek, B. (1988): Die Geschichte der Armut. Elend und Barmherzigkeit in Europa, München/Zürich: Artemis-Verlag.

Gimmel, J. (2017): Mußevolle Arbeit oder ruheloser Müßiggang, in: Dobler, G./Riedl, P. (Hrsg.), Muße und Gesellschaft, Tübingen: Mohr Siebeck, S. 47-60.

Gimmel, J. (2018): Passage S. 14 in: workshop: X = X hoch N. Technokratie – eine Annäherung. Dokumentation, 31.5.2018/Haus der Kulturen der Welt. Institut für Wirtschaftsgestaltung, Berlin.

Gorz, A. (1998): Kritik der ökonomischen Vernunft. Sinnfragen am Ende der Arbeitsgesellschaft, Hamburg: Rotbuch.

Gorz, A. (2019): Arbeit zwischen Misere und Utopie, 412-444 in. Kovce, Ph./Priddat, B.P. (Hrsg.): Bedingungsloses Grundeinkommen. Grundlagentexte, Berlin: Suhrkamp

Gray, R.T. (2008): Money Matters. Economics and the German Cultural Imagination 1770–1850, Seattle: University of Washington Press.

Gumbrecht, H.U. (2010): Unsere breite Gegenwart, Berlin: Suhrkamp.

Haakonssen, K. (Hrsg.) (1988): Traditions of Liberalism, Sidney: The Centre for Independent Studies.

Haag, K.-H. (1983): Fortschritt in der Philosophie, Frankfurt (Main): Suhrkamp.

Hagemann, H. (2011): Keynes 3.0: Zu den ökonomischen Möglichkeiten unserer Enkelkinder, in: Hagemann, H./Krämer, H. (Hrsg.): Keynes 2.0, Marburg: Metropolis, S. 281-304.

Häni, D./Kovce, P. (2017): Was würdest Du arbeiten, wenn für Dein Einkommen gesorgt wäre? Manifest zum Grundeinkommen, Wals bei Salzburg: econwin-Verlag.

Hamermesh, D.S. (2019): Spending Time. The Most Valuable Resource, New York: Oxford University Press.

Hank, R. (2019): Geht uns die Arbeit aus? In: FAS Nr. 30/2019, S. 18

Hartmann, M. (2011): Die Praxis des Vertrauens, Berlin: Suhrkamp.

Hayek, F. A von, (2001/1944) The Road to Serfdom, London: Taylor & Francis.

Hegel, G.W.F. (HGPR) (1986): Grundlinien der Philosophie des Rechts oder Naturrecht und Staatswissenschaft im Grundrisse, in ders.: Werke, Bd. 7, Frankfurt (Main): Suhrkamp.

Hegel, G.W.F. (HVGP 3) (1986): Vorlesungen über die Geschichte der Philosophie III, in ders.: Werke, Bd. 20, Frankfurt (Main): Suhrkamp.

Hegel, G.W.F. (HVPG) (1986): Vorlesungen über die Philosophie der Geschichte, in: ders.: Werke, Bd. 12, Frankfurt (Main): Suhrkamp.

Hegel, G.W.F. (1986): Vorlesung über die Ästhetik I, Bd. 13, Theorieausgaben in 20 Bänden, Frankfurt (Main): Suhrkamp.

Henaff, M. (2018): Neugier-Maschine, in: Lettre international, 2018, 21, Jg., H. 121, S. 33-38.

Herzog. L. (2019): Die Rettung der Arbeit: Ein politischer Aufruf, Berlin: Hanser.

Hirshman, A.O. (1980): Leidenschaften und Interessen. Politische Begründungen des Kapitalismus vor seinem Sieg, Frankfurt (Main): Suhrkamp.

Hoffmann, T.S. (Hrsg.) (2018): Fichtes Geschlossener Handelsstaat. Beiträge zur Erschließung eines Anti-Klassikers, Berlin: Duncker & Humblot.

Huber, W. (2007): Der Mensch ist zur Arbeit geboren wie der Vogel zum Fliegen ...– Hat der protestantische Arbeitsethos noch eine Zukunft? Wittenberger Sonntagsvorlesung vom 22.4.2007, http://www.ekd.de/ vortaege/huber/070422_huber_wittenberg.html#top. [Zugriff: 23.01.2017].

Huizinga, J. (1956): Homo Ludens. Vom Ursprung der Kultur im Spiel, Reinbek: Rowohlt.

Humboldt, W. von (1903): Ideen zu einem Versuch die Grenzen der Wirksamkeit des Staates zu bestimmen, in: ders.: Gesammelte Schriften, Bd. 1, S. 97-254.

Hutter, M. (2001): Die Entmaterialisierung des Wertschöpfungsprozesses, in: Hutter, M. (Hrsg.): e-conomy 2.0, Wittener Jahrbuch für ökonomische Literatur Bd. 6, Marburg: Metropolis, S. 35-48.

Hutter, M. (2010): Infinite surprises. On the stabilization of value in the Creative Industries, working paper, Berlin: Social Science Research Center Berlin (WZB).

Hutter, M. (2015): Ernste Spiele. Geschichten vom Aufstieg des ästhetischen Kapitalismus, Paderborn: Fink.

Janssen, H. (1998): Nationalökonomie und Nationalsozialismus, Marburg: Metropolis.

Jansen, J. (2019): Apex Legends könnte Fortnite vom Spiele-Thron werfen, in: Frankfurter Allgemeine Zeitung vom 18.02.2019, S. 22.

Jünger, E. (2014/1932): Der Arbeiter. Herrschaft und Gestalt, Stuttgart: Klett-Cotta.

Kalisch, E. (2006): Von der Ökonomie der Leidenschaften zur Leidenschaft der Ökonomie. Adam Smith und die Actor-Spectator-Kultur im 18. Jahrhundert, Berlin: Avinus.

Kant, C. (2018): Wie lang ist die Extrameile?, Berlin: Schwarzkopf & Schwarzkopf.

Kant, I. (1983): Kritik der Urteilskraft, in: Weischedel, W. (Hrsg.) Werkausgabe, Bd. 10, 6. Aufl., Frankfurt (Main): Suhrkamp.

Ketterer, H. (2019): Bedingungsloses Grundeinkommen und Postwachstum, 395-428 in: Petersen, D.J./Willers, D./Schmitt E.M./Birnbaum, R./ Meyerhoff J.H.E./Gießler, S./Roth, B. (Hrsg.): Perspektiven einer pluralen Ökonomik, Wiesbaden: Springer

Keynes, J.M. (1936): The General Theory of Employment, Interest and Money, London: Macmillan.

Keynes, J.M. (1937). The General Theory of Employment, in: John Maynard Keynes, The Collected Writings, Vol. XIV, Part II. London: Macmillan, S. 109-123.

Keynes, J.M. (1956/1930): Wirtschaftliche Möglichkeiten für unsere Enkelkinder, in: Rosenbaum, E. (Hrsg.): Politik und Wirtschaft. Männer und Probleme. Ausgewählte Abhandlungen von John Maynard Keynes, Tübingen: Mohr-Siebeck.

Keynes, J.M. (1981/1930): The Question of High Wages, in: The Collected Writings of John Maynard Keynes, Bd. 20, London: Macmillan, S. 3-16.

Keynes, J.M. (1985/1925a): Bin ich ein Liberaler?, in: Mattfeld, H. (Hrsg.): Keynes. Kommentierte Werkauswahl, Hamburg: VSA-Verlag, S. 86-95.

Keynes, J.M. (1985/1925b): Die wirtschaftlichen Folgen von Mr. Churchill, in: Mattfeld, H. (Hrsg.): Keynes. Kommentierte Werkauswahl, Hamburg: VSA-Verlag, S. 127-142.

Keynes, J.M. (1985/1926): Das Ende des Laissez-Faire, in: Mattfeld, H. (Hrsg.): Keynes. Kommentierte Werkauswahl, Hamburg: VSA-Verlag, S. 96-116.

Kittsteiner, H.D. (1990): Von der Gnade zur Tugend, in ders. (Hrsg.): Gewissen und Geschichte, Heidelberg: Manutius Verlag, S. 171-201.

Knight, F.H. (1920): Risk, Uncertainty and Profit, in: Hart, Schaffner, and Marx Prize Essays, Nr. 31, Boston/New York: Houghton Mifflin Co.

Kocka, J. (1988): Bürgertum und bürgerliche Gesellschaft im 19. Jahrhundert, in ders. (Hrsg.): Bürgertum im 19. Jahrhundert. Deutschland im europäischen Vergleich, Bd. 1, München: Vandenhoeck & Ruprecht, S. 11-176.

Köhn, J./Priddat, B.P. (2014): Keynes war ein Liberaler!, in: Pies, I./Leschke, M. (Hrsg.): John Maynard Keynes' Gesellschaftstheorie, Tübingen: Mohr-Siebeck, S. 69-92.

Körtner, U.H.J. (2018): Gottesdienst im Alltag der Welt. Geschichte und Zukunft des protestantischen Arbeits- und Berufsethos, 20-49 in: Liessmann 2018

Kojeve, A. (1962): Introduction à la lecture de Hegel, Paris: Gallimard.

Kojeve, A. (1975/1947): Hegel. Eine Vergegenwärtigung seines Denkens, Frankfurt (Main): Suhrkamp.

Kondylis, P. (1987): Marx und die griechische Antike. Heidelberg: Manutius-Verlag.

Koschorke, A./Ghanbari, N./Eßlinger, E./Susreck, S./Taylor M.T. (2010): Vor der Familie. Grenzbedingungen einer modernen Institution, Paderborn: Konstanz University Press.

Koselleck, R. (1988): Vergangene Zukunft: Zur Semantik geschichtlicher Zeiten, Frankfurt (Main): Suhrkamp.

Kovce, P./Priddat, B.P. (2019) (Hrsg.): Bedingungsloses Grundeinkommen – Grundlagentexte, Berlin: Suhrkamp.

Kurz, C./Rieger, F. (2013): Arbeitsfrei, München: Riemann.

Lafargue, P. (2018/1883): Das Recht auf Faulheit, Leipzig: Reclam.

Lazzarato, M. (2017): Marcel Duchamp und die Verweigerung der Arbeit, Wien: transversal texts.

Lenger, A. (2016): Keynes: Economic Possibilities for our Grandchildren, in: Muße. Ein Magazin, 2016, 2. Jg., H. 2, S. 48-52.

Lessenich, S. (2014): Einleitung, in: Amlinger, C./Baron, C. (Hrsg.): Paul Lafargue, Das Recht auf Faulheit, Hamburg: Laika Verlag, S. 7-28.

Liessmann, K.P. (Hrsg.) (2018): Mut zur Faulheit. Die Arbeit und ihr Schicksal, Wien: Zsolnay.

Lobo, S. (2018): Arbeit und Digitalisierung. Das Verschwinden der Mittelklasse. Roboter und künstliche Intelligenz werden die Arbeitswelt ändern, das ist sicher. Aber hilft da ein bedingungsloses Grundeinkommen? Zweifel sind angebracht. In: Spiegel Online, 02.05.2018 https://www.spiegel.de/netzwelt/netzpolitik/digitalisierung-das-verschwinden-der-mittelklasse-kolumne-a-1205746.html [Zugriff: 25.07.2019]

Lukacs, G. (1917/1911): Bürgerlichkeit und l'art pour l'art: Theodor Storm, in: ders. (Hrsg.): Die Seele und die Formen. Essays, Neuwied/Berlin: Egon Fleischel & Co., S. 82-116.

Lukacs, G. (1954): Zur Ästhetik Schiller, in: ders.: Beiträge zur Geschichte der Ästhetik, Berlin: Aufbau Verlag Berlin, S. 11-96.

Luther, M. (1983/1517). Die 95 Thesen Martin Luthers und die Anfänge der Reformation, Gütersloh: Gütersloher Verlag-Haus Mohn.

Luther, M. (1990/1522): Von Menschenlehre zu meiden, in: Kurt Aland (Hrsg.): Luther, M., Gesammelte Werke, Bd. 4, 4. Aufl., Göttingen: Vandenhoeck und Ruprecht, S, 23-43.

Maak, N. (2017): Ferien für immer, in: Fas Nr. 16/2017, S. 41

Maiwald-Wiegand, S. (2010): Bewahrung und Entzauberung. Thomas Mann und Max Weber, Dissertation der Universität Heidelberg, http://archiv.ub.uni-heidelberg.de/volltextserver/12448/ [Zugriff: 23.01.2017].

Mann, T. (2004/1918): Betrachtungen eines Unpolitischen, Frankfurt (Main): Suhrkamp.

Marcuse, H. (1965): Triebstruktur und Gesellschaft. Ein philosophischer Beitrag zu Sigmund Freud, Frankfurt (Main): Suhrkamp.

Market Mad House (2019): Why Arguing over the Morality of Basic Income is a Waste of Time? 8.10. 2018; https://medium.com/@MarketMadhouse/why-arguing-over-the-morality-of-basic-income-is-a-waste-of-time-d738cad2f76b

Marx, K. (1968/1844) K. Marx u. F. Engels, Werke, Ergänzungsband, 1. Teil, Berlin: Dietz Verlag, S. 465-588.

Marx, K. (1969/1933): Resultate des unmittelbaren Produktionsprozesses (nachgelassenes Manuskript aus den Vorarbeiten zum „Kapital", dort geplant als: I. Buch, VI. Kap.), Nachdruck nach der Moskauer Veröffentlichung von 1933, Frankfurt am Main: Verlag Neue Kritik.

Marx, K./Engels, F. (1959/1848): Manifest der Kommunistischen Partei. Marx-Engels-Werke (MEW), Bd. 4, Berlin: Dietz, S. 458-493.

Marx, K. (1964/1867): Das Kapital, Bd. 3, MEW 25, Berlin: Diez.

Marx, K. (1974/1841): Dissertation, Ergänzungsband 1 MEW, Berlin: Dietz.

Marx, K. (1974/1844): Ökonomisch-philosophische Manuskripte aus dem Jahre 1844, in: MEW Bd. 40, Berlin: Dietz.

Marx, Karl (1974/1858): Grundrisse der Kritik der Politischen Ökonomie (Rohentwurf 1857-1858), Berlin: Dietz.

Marx, Karl (1976/1863): Theorien über den Mehrwert, 3. Teil, MEW Bd. 26.3, Berlin: Dietz.

Marx, K./Engels, F. (1981/1846): Die deutsche Ideologie, in: MEW Bd. 3, Berlin: Dietz.

Mason, P. (2019): Klare, lichte Zukunft. Eine radikale Verteidigung des Humanismus, Berlin: Suhrkamp

Mattfeld, H. (Hrsg.) (1985): Keynes, Hamburg: VSA.

Matuschek, S. (2009): Kommentar, in: Schiller, F.: Über die ästhetische Erziehung des Menschen. Frankfurt (Main): Suhrkamp, S. 125-263.

Matuschek, S. (2017): Muße und Spiel. Schillers Wende von der freien zur befreienden Kunst, in: Dobler, G./Riedl, P.P. (Hrsg.): Muße und Gesellschaft, Tübingen: Mohr-Siebeck, S. 229-242.

Mazal, W. (2018): Die Arbeit geht uns (nicht) aus – zeitlose Antworten finden, in: Liessmann, K.P. (Hrsg.): Mut zur Faulheit. Die Arbeit und ihr Schicksal, Wien: Zsolnay, S. 183-204.

Meier, L. (2015): Konzepte ästhetischer Erziehung bei Schiller und Hölderlin, Bielefeld: Aisthesis Verlag.

Meineke; C./Priddat, B.P. (2018): Ökonomie, in: Theis, R./Aichele, A. (Hrsg.): Handbuch Christian Wolff, Wiesbaden: Springer, S. 291-314.

Mill, J.S. (1988): Über die Freiheit, Stuttgart: Philipp Reclam jr.

Miklos, T. (2016): Der kalte Dämon. Versuche einer Domestizierung des Wissens, München: C.H. Beck.

Moggach, D. (2007): Schiller's Aesthetic Republicanism, in: History of Political Thought, 2007, Jg. 28, H. 3, S. 520-541.

Moggach, D. (2016): Die Kultur der Zerrissenheit und ihre Überwindung. Friedrich Schiller, Bruno Bauer und der ästhetische Republikanismus, in: Schmidt am Busch, H.-C. (Hrsg.): Die Philosophie des Marktes, Hamburg: Meiner, S. 71-98.

Moggach, D. (2018): Freiheit und Vollkommenheit: Fichtes Position in den Kontroversen über Begrenzung und Begründung von staatlichem Handeln, in: Hoffmann, T.S. (Hrsg.): Fichtes Geschlossener Handelsstaat. Beiträge zur Erschließung eines Anti-Klassikers, Berlin: Duncker & Humblot, S. 77-102.

Mohr, E. (2014): Ökonomie mit Geschmack. Die postmoderne Macht des Konsums, Hamburg: Murmann.

Mohr, E. (2016): Punkökonomie, Hamburg: Murmann.

Mollowitz, B. (2008): Schiller als Philosoph in der Auseinandersetzung mit Kant – Analyse der ästhetischen Schriften, Norderstedt: GRIN-Verlag.

Moraze, C. (1959): Das Gesicht des 19. Jahrhunderts. Die Entstehung der modernen Welt, Düsseldorf/Köln: Diederichs.

Moretti, F. (2014): Der Bourgeois: Eine Schlüsselfigur der Moderne, Berlin: Suhrkamp.

Muchlinski, E. (1996): Keynes als Philosoph, Berlin: Duncker & Humblot.

Nassehi, A. (2018): Und was machen wir dann den ganzen Tag?, in: Frankfurter Allgemeine Zeitung, Nr. 149/2018, S. 10.

Noetzel, W. (2006): Friedrich Schillers Philosophie der Lebenskunst. Zur Ästhetischen Erziehung als einem Projekt der Moderne, London: Turnshare.

Ohanian, L.E. (2008): Back to the Future with Keynes, in: Pecchi, L./Piga, G. (Hrsg.): Revisiting Keynes: Economic Possibilities for Our Grandchildren, Cambridge: MIT Press, S. 105-115.

Ort, V.F. (2013): Die ‚gegenwärtigen prosaischen Zustände'. Der Wandel der Arbeitswelt in Ästhetik und Dichtung, in: Brogi S./Freier, C./Freier-Otten, U./Hartosch K. (Hrsg.): Repräsentationen von Arbeit, Bielefeld: transcript, S. 87-100.

Ortega y Gasset, J. (1949): Betrachtungen über die Technik – Der Intellektuelle und der Andere, Stuttgart: Deutsche Verlagsanstalt Stuttgart.

Osterkamp, R. (2017): Geld vom Staat für alle? In: FAZ Nr. 7/2017, S. 16

Pecchi, L./Piga, G. (Hrsg.): Revisiting Keynes: Economic Possibilities for Our Grandchildren, Cambridge: MIT Press.

Pfaller, R. (2002): Die Illusion der anderen. Über das Lustprinzip in der Kultur, Frankfurt (Main): Suhrkamp.

Phelps, E.S. (2008): Corporatism and Keynes: His Philosophy of Growth, in: Pecchi, L./Piga, G. (Hrsg.): Revisiting Keynes: Economic Possibilities for Our Grandchildren, Cambridge: MIT Press, S. 95-105.

Pieper, H. (1996): Schillers Projekt eines ‚menschlichen Menschen'. Eine Interpretation der ‚Briefe über die ästhetischen Erziehung des Menschen von Friedrich Schiller', Lage: Jacobs.

Pinsker, J. (2019): How Much Leisure Time Do the Happiest People Have? Too little, and people tend to get stressed. Too much, and people tend to feel idle. In: The Atlantic, Feb. 2019 https://www.theatlantic.com/family/archive/2019/02/free-time-life-satisfaction/583171/ [Zugriff: 25.07.2019].

Precht, R.D. (2018): Jäger, Hirten, Kritiker, München: Goldmann.

Priddat, B.P. (1995): Die andere Ökonomie. Über G. v. Schmollers Versuch einer ‚ethisch-historischen' Ökonomie im 19. Jahrhundert, Marburg: Metropolis.

Priddat, B. P. (2002a): Theoriegeschichte der Wirtschaft, München: W. Fink (UTB).

Priddat, B.P. (2002b): John Stuart Mill über Freiheit, in: Streissler, E.W. (Hrsg.): John Stuart Mill, Studien zur Entwicklung der ökonomischen Theorie, Schriftenreihe des ‚Dogmenhistorischen Ausschusses' des Vereins für Socialpolitik, Bd. 115/XIX, Berlin: Dunker&Humblodt, S. 17-42.

Priddat, B.P. (2005): „Reiche Individualität" – Karl Marx' Kommunismus als Konzeption der „freien Zeit für freie Entwicklung", in: Pies, I./Leschke, M. (Hrsg.): Karl Marx' kommunistischer Individualismus, Tübingen: Mohr-Siebeck, S. 125-146; auch in: Priddat, B.P. (2018): Die ‚wirkliche Ökonomie' bei Marx. Über den Kommunismus als Reich der Freiheit freier Zeit, in: Lucas, R./Pfriem, R./Thomasberger, C. (Hrsg.): Auf der Suche nach dem Ökonomischen – Karl Marx zum 200. Geburtstag, Marburg: Metropolis, S. 469-486.

Priddat, B.P. (2012a): Vierte Industrie. Löst sich die Industriegesellschaft in der Dienstleistungs- und in der Wissensgesellschaft auf? Ein Klärungsversuch über die anhaltende Bedeutung der Industrie, in: Priddat, B.P./West, K.W. (Hrsg.): Die Modernität der Industrie, Marburg: Metropolis, S. 45-90.

Priddat, B.P. (2012b): Über das Scheitern der Familie, nicht des Kapitalismus, in: Wimmer, R./Wißkirchen, H. (Hrsg.): Thomas Mann Jahrbuch, Bd. 25, Frankfurt (Main): Vittorio Klostermann, S. 259-273.

Priddat, B.P. (2012c): Die Leere der Fülle. Das Ende des Kapitalismus als Religion, in: Kursbuch, 2012, Jg. 48, Nr. 171, Juni 2012, S. 11-28.

Priddat, B.P. (2012d): ‚Arm' und ‚reich': von der *caritas* zur Beschäftigung durch Lohnarbeit. Ökonomischer Paradigmenwechsel auf dem Weg in die Moderne, in A. Habisch & H. J. Küsters (Hrsg): Tradition und Erneuerung der christlichen Sozialethik in den Zeiten der Modernisierung, Freiburg/Basel/Wien: Herder, S. 72-98.

Priddat, B.P. (2014): Markt als Spiel, in: Berg, S./Sass, H. von (Hrsg.): Spielzüge. Zur Dialektik des Spiels und seinem metaphorischen Mehrwert, Freiburg: Alber, S. 88-105.

Priddat, B.P. (2015a): Unternehmer, in: ders.: Economics of Persuasion. Ökonomie zwischen Markt, Kommunikation und Überredung, Marburg: Metropolis, S. 265-285.

Priddat, B.P. (2015b): ‚mehr‘, ‚besser‘ ‚anders‘. Über den Steigerungsanspruch der Ökonomie, in: Priddat, B.P./Enkelmann, W.D. (Hrsg.): Was ist?: Wirtschaftsphilosophische Erkundungen. Definitionen, Ansätze, Methoden, Erkenntnisse, Wirkungen, Vol. 2, Marburg: Metropolis, S. 333-370.

Priddat, B.P. (2015c): Economics of Persuasion. Ökonomie zwischen Markt, Kommunikation und Überredung, Marburg: Metropolis.

Priddat, B.P. (2017a): Rechtfertigung, Altruismus, Kooperation, in: Jähnichen, T./Meireis, T./Rehm, J./Reihs, S./Reuter, H.R./Wegner, G. (Hrsg.): Wirkungen der Reformation, 10. Jahrbuch Sozialer Protestantismus, Gütersloh: Gütersloher Verlagshaus.

Priddat, B.P. (2017b): Die Zukunft der Protestantischen Ethik, in: Wieland, J./Wegner, G./Kordesch, R.M. (Hrsg.): Luther 2017. Protestantische Ressourcen der nächsten Moderne, Weilerswist: Velbrück, S. 139-156.

Priddat, B.P. (2018a): Karl Marx im digitalen Kapitalismus, in: Hohe Luft kompakt vom 28.6.2018, S. 68-75.

Priddat, B.P. (2018b): Schumpeter und die modernen Marktdynamiken, in: Frambach, H./Koubek, N./Kurz, H.D./Pfriem, R. (Hrsg.): Schöpferische Zerstörung und die Zukunft des Unternehmertums. Zur Aktualität von Joseph A. Schumpeter, Marburg: Metropolis, S. 71-96.

Priddat, B.P. (2018c): Die ‚wirkliche Ökonomie‘ bei Marx. Über den Kommunismus als Reich der Freiheit freier Zeit, 469-486 in: Lucas, R./ Pfriem, R./Thomasberger, C. (Hrsg.): Auf der Suche nach dem Ökonomischen – Karl Marx zum 200. Geburtstag, Marburg: Metropolis

Priddat, B.P. (2019): Höflich, intelligent, überrascht. Wie werden wir lernen, uns zu Automaten zu verhalten? In: Kovce, Ph./Priddat, B.P. (Hrsg.): Selbstverwandlung. Anthropologische Perspektiven des digitalen Zeitalters, Metropolis: Marburg (in der Herausgabe).

Rana, Z. (2018): The Philosophical Argument for Working Less (And Wasting Time) Maybe it's not „laziness" after all, in: https://medium.com/ @ztrana/the-philosophical-argument-for-working-less-and-wasting-time-71bbbcb7310b

Raddatz, F.M. (2018): Bühne und Anthropozän, in: Lettre International, 2018, 21. Jg., H. 122, S. 66-73.

Reckwitz, A. (2012): Die Erfindung der Kreativität: Zum Prozess gesellschaftlicher Ästhetisierung, Berlin: Suhrkamp.

Reckwitz, A. (2017): Die Gesellschaft der Singularitäten. Berlin: Suhrkamp.

Riedl, P.P. (2011): Die Kunst der Muße. Über ein Ideal in der Literatur um 1800, in: Publications of the English Goethe Society, 2011, Jg. 80, H. 1, S. 19-37.

Riedl, P. P. (2014a): Entschleunigte Moderne. Muße und Kunsthandwerk in der Literatur um 1900, in: Hasebrink, B./Riedl, P.P. (Hrsg.): Muße im kulturellen Wandel. Berlin: De Gruyters, S. 180-216.

Riedl, P.P. (2014b): Arbeit und Muße. Literarische Inszenierungen eines komplexen Verhältnisses, in: Fechtrup, H./Hoye, W./Sternberg, T. (Hrsg.): Arbeit – Freizeit – Muße, Münster: Lit, S. 65-100.

Riedl, P.P. (2017): Rastlosigkeit und Reflektion. Zum Verhältnis von vita activa und vita contemplativa in Goethes Festspiel Pandora, in: Dobler, G./Riedl, P.P. (Hrsg.): Muße und Gesellschaft, Tübingen: Mohr-Siebeck, S. 243-266.

Rifkin, J. (2004): Das Ende der Arbeit und ihre Zukunft. Neue Konzepte für das 21. Jahrhundert, Frankfurt (Main)/New York: Campus.

Rivers, J. (2019): A Progressive Rejection of Universal Basic Income, in: Mediumhttps://medium.com/@ronrivers/a-progressive-rejection-of-universal-basic-income-2604366c6d3a

Rorty, R. (1991): Kontingenz, Ironie und Solidarität, Frankfurt (Main): Suhrkamp.

Rorty, R. (2008): Pragmatismus und Romantik, in: ders: Philosophie als Kulturpolitik, Frankfurt (Main): Suhrkamp, S. 186-210.

Röttgers, K. (2014): Muße und der Sinn von Arbeit, Wiesbaden: Springer.

Röttgers, K. (2018): Kategorien der Sozialphilosophie, II. Teil: Kapitel 3: Der soziale Umgang mit Zeit, Fernuni Hagen online-Publikation, http://www.fernuni-hagen.de/imperia/md/content/philosophie/kap3.pdf [Zugriff: 25.07.2019].

Ruda, F. (2011): Hegels Pöbel. Eine Untersuchung der ‚Grundlinien der Philosophie des Rechts', Konstanz: Konstanz University Press.

Russell, B. (1950/1932): Lob des Müßiggangs, in: Sonderband Nobelpreis für Literatur 1950, Wien: Zsolnay, S. 69-97.

Safranski, R. (2016): Schiller oder die Erfindung des Deutschen Idealismus. Biographie, Frankfurt (Main): Fischer Taschenbuch.

Sahraoui, N. (2018): Über das Verhältnis von Arbeit und Muße. Eine Philosophie der Faulheit, in: Liessmann, K.P. (Hrsg.): Mut zur Faulheit. Die Arbeit und ihr Schicksal, Wien: Zsolnay, S. 69-92.

Samuelson, P.A. (1954): The Pure Theory of Public Expenditure, in: Review of Economics and Statistics, 1954, Jg. 36, H. 4, S. 387-389.

Sandkaulen, B. (2005): Schönheit und Freiheit. Schillers politischen Philosophie, in: Manger, K./Willems, G. (Hrsg.): Schiller im Gespräch der Wissenschaften, Heidelberg: Universitätsverlag Winter, S. 37-55.

Schäfer, R. (2013): Die Komplementarität von innerweltlicher Askese und artistischer Lebensführung. Zur Kritik zeitdiagnostischer Ästhetisierungsthesen, in: Berliner Journal für Soziologie, 2013, Jg. 25, H. 1-2, S. 187-213.

Schefold, B. (2017): Gottes Gnade und der Kapitalismus, in: FAZ Nr. 252/ 2017, S. 18

Scherf, H. (1986): Marx und Keynes, Frankfurt (Main): Suhrkamp.

Schiller, F. (2004/1791): Über Bürgers Gedichte, in: ders., Sämtliche Werke, Band 5, Stuttgart: deutscher Bücherbund.

Schiller, F. (2009/1795): Über die ästhetische Erziehung des Menschen in einer Reihe von Briefen, Berlin: Suhrkamp.

Schimmelbusch, A. (2019): Das faulste Volk der Welt, in: SPIEGEL Nr. 14, 30.3.2019, S. 65.

Schlegel, F. (20119: Idylle über den Müssiggang, 44-51 in. Lucinde. Bekenntnisse eines Ungeschickten. Ein Roman, Ffm.: Insel

Schivelbusch, W. (2016): Das verzehrende Leben der Dinge. Versuch über Konsumtion, Frankfurt (Main): Fischer.

Schumpeter, J.A. (1993/1942): Kapitalismus, Sozialismus und Demokratie, Tübingen/Basel: Francke.

Schumpeter, J.A. (2008/1942): Capitalism, Socialism, and Democracy, New York: Harper Perennial Modern Classics.

Sdun, W. (2009): Zum Begriff des Siels bei Kant und Schiller, Kant-Studien Bd. 57, H. 1-4.

Seel, M. (2000): Rhythmen des Lebens. Kant über erfüllte und leere Zeit, in: ders.: Paradoxien der Erfüllung. Philosophische Essays, Frankfurt (Main): Fischer Taschenbuch, S. 137-153.

Seel, M. (2018): Wonnen der Arbeit, Mühen der Faulheit, in: Liessmann, K.P. (Hrsg.): Mut zur Faulheit. Die Arbeit und ihr Schicksal, Wien: Zsolnay, S. 50- 68.

Serres, M. (1992): Hermes II: Interferenz, Berlin: Merve.

Serres, M. (1995): Die Legende der Engel, Frankfurt (Main): Insel Verlag.

Sharif, M./Mogilner, C./Hershfield, H. (2018): The Effects of Being Time Poor and Time Rich on Life Satisfaction, in: ssrn.com, https://ssrn. com/abstract=3285436 [Zugriff: 25.07.2019].

Skidelsky, R. (2003): John Maynard Keynes. 1883-1946: Economist, Philosopher, Statesman, New York: Penguin Books.

Skidelski, R. (2010): Keynes, Oxford: Oxford University Press.

Skidelski, R./Skidelski, E. (2013): Wieviel ist genug?, München: Kunstmann.

Sloterdijk, P. (2011): Streß und Freiheit, Berlin: Suhrkamp.

Smith, A. (1982/1759): The Theory of Moral Sentiment, in: Raphael, D.D./ Macfie, A.L. (Hrsg.): A. Smith, Theory of Moral Sentiment, Indianapolis: Liberty Classics.

Solow, R. (2008): Whose Grandchildren? in: Pecchi, L./Piga, G. (Hrsg.): Revisiting Keynes: Economic Possibilities for Our Grandchildren, Cambridge: MIT Press, S. 87-94.

Sombart, W. (1920/1913): Der Bourgeois. Zur Geistesgeschichte des modernen Wirtschaftsmenschen, München/Leipzig: Duncker & Humblot.

Spencer, M.K. (2017): The Fear of a Automated Future, Medium Daily Digest, https://medium.com/@Michael_Spencer/fear-automated-future-robot-economy-984e3a309ba3, 4.11.2017

Spencer, M.K. (2018): socialist-millennials-will-usher-in-basic-income, Medium.com, Utopia-Press; https://medium.com/utopiapress/socialist-millennials-will-usher-in-basic-income-5e01d395557b, 5.10.2018

Spufford (2012): Rote Zukunft, Reinbeck: Rowohlt.

Stahl, M. (2018): Das Schöne und die Politik, Dresden: Text & Dialog.

Stark, W. (1985): Die protestantische Ethik und der Verfall des Kapitalismus, Hamburger Universitätsreden, Bd. 44, Hamburg: Hamburg University Press.

Strässle, T. (2013): Gelassenheit. Über eine andere Haltung zur Welt, München: Hanser Verlag.

Straubhaar, T. (2017): Radikal Gerecht, Hamburg: edition Körber-Stiftung.

Strauss, S. (2018): Mehr innere Haltung, bitte!, in: Frankfurter Allgemeine Zeitung, Nr. 120/2018, S. 12.

Szepanski, A. (2014): Kapitalisierung Bd. 1. Marx' Non-Ökonomie, Hamburg: LAIKA Verlag.

Tawney, R. H. (1947): Religion and the Rise of Capitalism, New York: New American Library.

Ullrich, W. (2018): Konsum als Arbeit, in: Liessmann, K.P. (Hrsg.): Mut zur Faulheit. Die Arbeit und ihr Schicksal, Wien: Zsolnay, S. 225-246.

Van Parijs, P./Vanderborght, Y. (2017): Basic Income, Cambridge/London: Harvard University Press.

Vasek, T. (2018a): Auf die Barrikaden, Kollegen! Ein laboristisches Manifest, in: Hohe Luft kompakt vom 28.6.2018, S. 86-87.

Vasek, T. (2018b): Befreit die Arbeit!, in: Hohe Luft kompakt vom 28.6.2018, S. 51-56.

Vattimo, G. (1990): Das Ende der Moderne, Stuttgart: Reclam.

Vogl, J. (2009): Die voranlaufende Verpfändung der Zeit, in: Süddeutsche Zeitung vom 17.10.2009.

Vogl, J. (2002): Kalkül und Leidenschaft. Poetik des ökonomischen Menschen, München: sequenzia

Von Horsten, N. (2019): Ist ein bedingungsloses Grundeinkommen das Richtige für eine liberale Gesellschaft? 42-43 in: Wirtschaftswochen Nr. 28/2019

Wackwitz, S. (1993): Ein unsichtbares Land, Frankfurt (Main): S. Fischer.

Waibel, V.L. (2013): Die Schönheit als zweite Schöpferin des Menschen. Schillers Idee des „Spieltriebs" und der „aktiven Bestimmbarkeit" in den Briefen Über die ästhetische Erziehung, in: Lacina, K./Gaitsch, P. (Hrsg.) Intellektuelle Interventionen: Gesellschaft, Bildung, Kitsch. Für Konrad Paul Liessmann, Wien: Löcker, S. 137-152.

Weber, M. (1920/1905): Die protestantische Ethik und der Geist des Kapitalismus, in ders. (Hrsg.): Gesammelte Aufsätze zur Religionssoziologie, Bd. 1, Tübingen: J.C.B. Mohr, S. 17-206.

Weber, M. (1994/1919): Wissenschaft als Beruf, in ders.: Wissenschaft als Beruf. 1917/1919. Politik als Beruf. 1919, Studienausgabe der Max-Weber-Gesamtausgabe Bd. 1/17, Tübingen: J.C.B. Mohr, S. 49-112.

Weber, S. (2009): Geld ist Zeit. Gedanken zu Kredit und Krise. Zürich/Berlin: diaphanes.

Wegner, G. (2019): Entweder Sozialstaat oder bedingungsloses Grundeinkommen – beides geht nicht, 82-99 in: derselbe, Transzendentaler Vertrauensvorschuss. Sozialethik im Entstehen, Evangelische Verlagsanstalt

Welskopf, E.C. (1962): Probleme der Muße im alten Hellas, Berlin: Rütten & Loening.

Wiedinger, N. (2018): No way back? in: Schrader, M./Martens, V. (Hrsg.): Digital Fix. Wie wir die digitale Welt von Grund auf erneuern können, Hamburg: Next Factory Ottensen, S. 136-153.

Zapf, L.C. (2014): Die religiöse Arbeit der Marktwirtschaft, Baden-Baden: Nomos.